W0250714

BRAINBOOK

GEDÄCHTNISTRAINING FÜR SENIOREN

HEIKO SPINDLER

BRAINBOOK

Impressum

BrainBook UG (haftungsbeschränkt)
Am Sportfeld 8
65399 Kiedrich

ISBN:
Taschenbuch: 978-3-96890-082-7
E-Book: 978-3-96890-081-0

DRUCK: BrainBook UG (haftungsbeschränkt) in Deutschland

Die Zufriedenheit unserer Leserinnen und Leser hat für uns oberste Priorität.

Sollten Sie Fragen oder Anmerkungen haben, können Sie uns jederzeit unter kontakt@brainbook-verlag.de erreichen. Wir freuen uns auf Ihre Rückmeldung.

brainbook_verlag
www.brainbook-verlag.de
kontakt@brainbook-verlag.de

Inhaltsverzeichnis

Inhaltsverzeichnis

Inhaltsverzeichnis

Inhaltsverzeichnis

Inhaltsverzeichnis

Einleitung

Unser menschliches Gedächtnis macht unsere Persönlichkeit maßgeblich aus. Im wuseligen Alltag fallen uns diese besonderen Leistungen kaum auf. Das Gedächtnis speichert nicht nur die Einkaufsliste für ein paar Stunden, den Prüfungsstoff (hoffentlich) bis zur nächsten Klausur, sondern auch Erlebnisse aus der Kindheit über Jahrzehnte hinweg.

Oft wird das Gedächtnis mit einer Festplatte in einem Computer gleichgesetzt. Diese Analogie hinkt leider. Wir speichern nicht alle Informationen akkurat ab und können diese nicht immer sicher abrufen.

Passender ist der Vergleich mit einem Fischernetz: Neue Informationen fallen in dieses Netz. Je engmaschiger das Netz ist und je mehr mögliche Anknüpfungen vorhanden sind, desto besser bleiben neue Informationen hängen. Das Gute ist, diese neuen Einträge dienen wiederum als Anker für später.

Man kann es zu dieser Formel zusammenfassen: Je mehr wir unsere Erinnerungen nutzen und immer wieder abrufen desto besser bleiben diese erhalten.

Im Englischen gibt es den passenden Ausdruck: Use it or loose it: Fähigkeiten, die wir nicht aktiv nutzen verkümmern mit der Zeit.

Vergleichbar funktioniert unser Gehirn als Ganzes. Je mehr wir unsern Denkapparat schulen und abwechslungsreich mit immer neuen Eindrücken und Denkmustern füttern, desto besser erhalten sich unsere geistigen Fähigkeiten. Flankiert mit gesunder Ernährung, Bewegung oder Sport sind die Chancen gut, bis ins hohe Alter fit zu bleiben.

Die Aufgaben in diesem Buch helfen durch regelmäßiges Üben, das Gedächtnis und das Gehirn zu trainieren. Dabei sprechen diese unterschiedliche Fähigkeiten an.

Die Rätsel stellen kein festgelegtes oder starres Übungsprogramm da. Sie sind ein Angebot und Fundus, aus dem sich beliebig Teile entnehmen lassen. Bauen Sie sich Ihr ganz eigenes und individuelles Fitnesstraining für Ihren Kopf!

Letztlich sollen die Aufgaben Spaß machen und zu einem langfristigen, regelmäßigen und abwechslungsreichen Training beitragen.

Viel Spaß mit den Aufgaben!

Heiko Spindler
www.HirnSport.de

Die Aufgaben im Überblick

Dieser Abschnitt stellt die Typen der Aufgaben mit einer kurzen Beschreibung und einem Beispiel vor. Zu jedem Beispiel liegt eine Musterlösung vor. Versuchen Sie die Beispielaufgaben gleich selbst zu lösen und sich eigene Lösungsstrategien zu überlegen. Dieses Entwickeln von eigenen Ansätzen ist eine sehr kreative Beschäftigung.

Die Tipps helfen zusätzlich auf Eigenheiten der Aufgaben zu achten und bieten Hinweise für die Lösungssuche.

Die Aufgaben sind in die Bereiche Sprache, Mathematik und Sonstige unterteilt. Diese Unterteilung ist nur ein Hinweis, um sich besser zu orientieren.

Zu allen Aufgaben bietet der Lösungsteil eine Musterlösung an. In vielen Fällen gibt es weitere gültige Lösungen. Wenn Ihre gefunde Lösung von der Musterlösung abweicht, ist das kein Problem, sondern ein besonderer persönlicher Erfolg.

SPRACHLICHE AUFGABEN

>> SCHLANGEN-WORT

Durch die Waben in der Aufgabe schlängelt sich ein Wort. Von einer Wabe darf die Schlange nur durch angrenzende Waben laufen und jede Wabe kommt nur einmal vor.

Leider ist nicht klar, wo das Wort beginnt und endet.

Kategorien: Sprache, Logik, Gedächtnis

Beispiel

Wie lautet das gesuchte Wort?

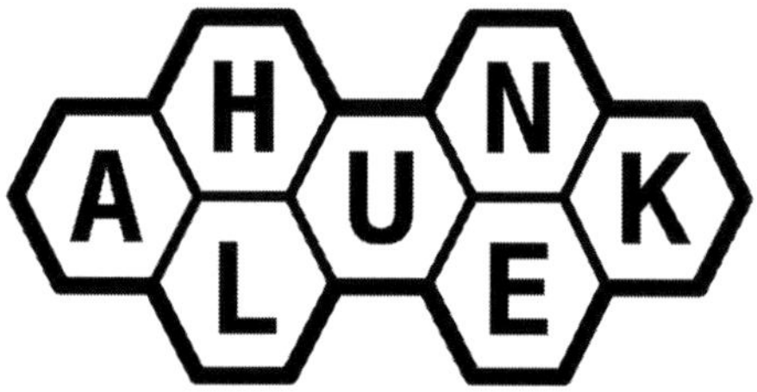

Lösung

Starten Sie in der Wabe links oben. Der Pfad durch die Waben ist an den grauen Grenzen sichtbar: H A L U N K E.

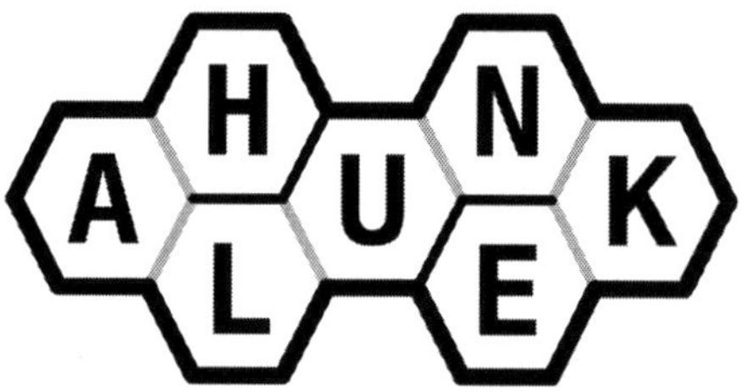

TIPPS

- Es gibt Waben, die als Startpunkt ausscheiden, da nicht alle anderen Buchstaben erreichbar sind. Im Beispiel gilt dies für den Buchstaben „U" in der Mitte.
- Bei deutschen Wörtern kommen bestimmte Buchstabenkombinationen als Wortanfang und Wortende besonders häufig vor.

>> BUCHSTABEN-HÜPFER

In der Buchstaben-Matrix verstecken sich Wörter. Diese lassen sich mithilfe eines Geheimcodes entziffern: Starten Sie für jedes Wort neu bei dem Fragezeichen „?“. Welche Buchstabenfolge ist durch einen Code definiert: Das erste Zeichen (▹, ▵, ▿, ◃) bestimmt die Richtung und die Zahl sagt, wie viele Zellen Sie springen müssen.

Folgen Sie dem Code und erkennen Sie das gesuchte Wort.

Kategorien: Gedächtnis, Sprache

Beispiel

Welche Wörter verstecken sich in der Matrix?

?	E	S	D	L
L	K	E	I	Y
F	I	X	D	E
F	V	T	E	M

1. Wort: ▿3, ▵2, ▹2, ▿1
2. Wort: ▿2, ▹4, ▵2, ◃1
3. Wort: ▹2, ◃1, ▿2, ▹2, ▿1

Lösung

1. FLEX | 2. FELD | 3. SEIDE

TIPPS

- Das Fragezeichen für den Start liegt nicht immer in der linken oberen Ecke.
- Starten Sie mit den kürzeren Worten. Notieren Sie sich die Buchstaben bei den ersten Versuchen. Für den besten Trainingseffekt sollten Sie die Aufgaben komplett im Gedächtnis durchführen.

Zusatzaufgabe

Machen Sie sich auf die Suche nach weiteren Worten, die ebenfalls in der Buchstabenmatrix stecken. Erstellen Sie den Code aus Sprüngen, die zu den neuen Worten führen.

>> BUCHSTABEN-VERWANDLUNG

Kopfrechnen ist trotz Taschenrechner eine hilfreiche Fähigkeit. Sei es, um im Restaurant eine Rechnung zu prüfen oder bei einem Kochrezept die Mengen anzupassen.

Wörter im Kopf zu variieren ist keine Aktivität, die wir ständig machen. Beim Reimen suchen wir Wörter, die auf einen ähnlichen Laut oder eine Silbe enden. Aus diesem Grund sind diese Aufgaben eine gute neue Herausforderung.

Diese Aufgaben starten mit einem oder mehreren Buchstaben und ändern diese in mehreren Schritten ab. Dabei können Buchstaben getauscht, entfernt oder angefügt werden oder sich sogar in der Reihenfolge umdrehen.

Als Lösung entsteht ein gültiges Wort der deutschen Sprache.

Kategorien: Sprache, Logik, Gedächtnis

TIPPS

- Zum Einstieg hilft es sehr, die Veränderungen der Zeichenketten schriftlich durchzuführen.
- Mutige Teilnehmer versuchen, die Aufgabe komplett im Gedächtnis zu lösen.

Beispiel 1

Starten Sie mit der Zeichenkette: EZN

Führen Sie folgende Veränderungen durch:

- Buchstaben „Z“ zu „D“ tauschen
- Ein „E“ rechts anfügen
- Reihenfolge der Zeichen umdrehen

Welches Wort ist das Ergebnis?

Lösung

EZN ▹ EDN ▹ EDNE ▹ ENDE

Beispiel 2

Starten Sie mit der Zeichenkette:

DEK

Führen Sie folgende Veränderungen durch:

- Buchstaben „U“ vorne anfügen
- Buchstaben „K“ vorne anfügen
- Alle Buchstaben „K" für „R" einsetzen

Welches Wort ist das Ergebnis?

Lösung

DEK ▹ UDEK ▹ KUDEK ▹ RUDER

>> ÜBERFLÜSSIGE BUCHSTABEN

Bei diesem Aufgabentyp haben sich leider zusätzliche Buchstaben in die Worte geschlichen. Streichen Sie die überflüssigen Zeichen, um das gesuchte Wort zu erkennen. In den Klammern finden Sie die Anzahl der nicht notwendigen Buchstaben.

Kategorien: Sprache, Gedächtnis

Beispiel

E G E W I T W T E R (2)

Lösung

_ G E W I T _ T E R

TIPPS

- Suchen sie nach Buchstaben und Silben, die ungewöhnlich sind oder außergewöhnliche Kombinationen enthalten.
- Oft ist es sinnvoll, nicht mit dem Anfang des Wortes, sondern mit dem Ende zu starten.

>> WORT-WIRRWARR

In jeder Aufgabe sind die Buchstaben eines Wortes in ihrer Reihenfolge vertauscht. Alle aufgelisteten Buchstaben kommen im gesuchten Wort vor. Es könnte mehr als eine Lösung geben. Können Sie das folgende Wort korrekt erkennen?

Kategorien: Sprache, Gedächtnis

Beispiel

U O T A

Lösung

A U T O

>> WORT-SALAT

Hier sind in jeder Aufgabe die Buchstaben von zwei Wörtern ineinander geraten. Die Buchstaben stehen in der korrekten Reihenfolge, es ist aber nicht klar, zu welchem Wort ein Buchstabe jeweils gehört.

Kategorien: Sprache, Gedächtnis

Beispiel

TROEASEMN

Lösung

T _ _ E A _ _ M _

_ R O _ _ S E _ N

TIPPS

- In der deutschen Sprache kommen manche Buchstaben und Kompensationen selten zusammen vor. Diese gehören vermutlich in verschiedene Wörter.

>> WORT-PUZZLE

Hier wurde ein Wort in Teile zerschnitten. Können Sie die Stücke wieder korrekt zusammensetzen und das Wort lesen?

Kategorien: Sprache, Gedächtnis, Wahrnehmung

Beispiel

Welches Wort wurde hier in Stücke geschnitten?

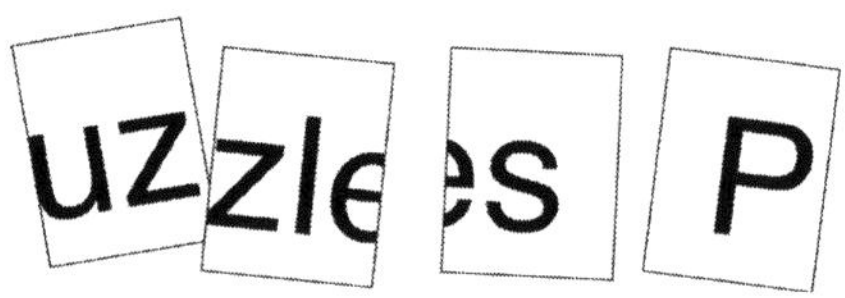

Lösung

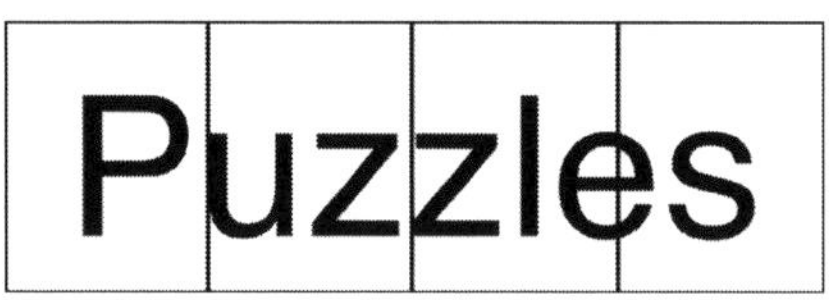

TIPPS

- Suchen Sie den Wortstart und das Wortende. Wie bei einem Bildpuzzle ist es oft leichter, sich vom Rand zur Mitte vorzuarbeiten.
- Zerschnittene Buchstaben geben Anhaltspunkte, wie die Teile zusammengehören.

>> STÄBCHEN UMLEGEN (BUCHSTABEN)

Legen Sie innerhalb von jedem Buchstaben genau ein Stäbchen um, damit ein Wort in der deutschen Sprache entsteht. Es werden nur Großbuchstaben verwendet.

Die folgende Abbildung zeigt alle Buchstaben in der Schreibweise mit Stäbchen:

Kategorien: Sprache, Gedächtnis, Wahrnehmung

Beispiel

Legen Sie in jedem Buchstaben ein Stäbchen um, damit sich ein Wort der deutschen Sprache ergibt.

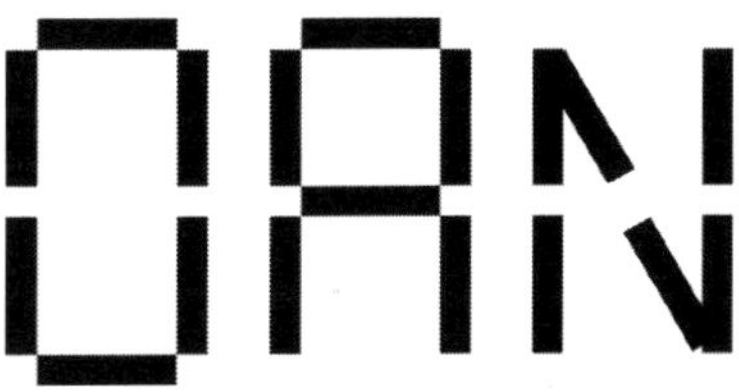

Lösung

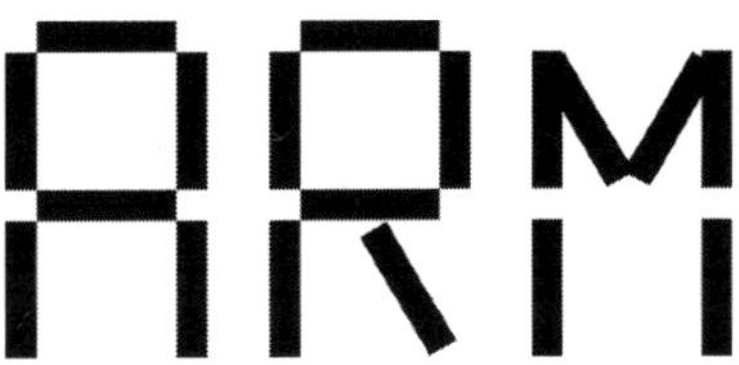

TIPPS

- Prüfen Sie zuerst für jedes Zeichen, welche anderen Buchstaben durch das Umlegen möglich sind.

>> WORT-SYMBOLE

Hier ist jeweils ein Begriff mit Symbolen und Icons visualisiert. Manchmal lassen sich die Symbole direkt übersetzen und kombinieren. Bei manchen Wörtern müssen Sie „um die Ecke“ denken, um die passende Lösung zu erraten.

Kategorien: Gedächtnis, Sprache, Wahrnehmung

Beispiel

Welcher Begriff wird gesucht?

Lösung

Sonnenblume

TIPPS

- Überlegen Sie, welche alternative Bedeutungen ein Symbol aufweist. Eine Sonne könnte für Wärme, Hitze oder die Jahreszeit Sommer stehen.

MATHEMATISCHE AUFGABEN

>> ZAHLEN-VERWANDLUNG

Kopfrechnen war gestern! Starten Sie mit der vorgegebenen Zahl und führen Sie im Kopf die vorgegebenen Rechenschritte durch. Aber Achtung: Die Zahlen werden auf neue Arten verändert, z.B. durch Entfernen einzelner Ziffern oder Umdrehen der Reihenfolge.

Beispiel 1

Merken Sie sich die Zahl „19".

Führen Sie die folgenden Schritte der Reihe nach aus:

- Reihenfolge der Ziffern umdrehen
- Addieren der Zahl „2"
- Entfernen der größten Ziffer

Wie lautet das Ergebnis?

Lösung

19 ▹ 91 ▹ 93 ▹ 3

Ergebnis: 3

Beispiel 2:

Merken Sie sich die Zahl „59"

- Die Ziffer „9" entfernen
- Subtrahieren der Zahl „2"
- Die Ziffer „8" vorne anfügen
- Reihenfolge der Ziffern umdrehen

Wie lautet das Ergebnis?

Lösung

59 ▹ 5 ▹ 3 ▹ 83 ▹ 38

Ergebnis: 38

>> SCHLANGEN-RECHNEN

Durch die Waben in der Aufgabe schlängelt sich eine Rechnung. Von einer Wabe darf die Schlange nur zu angrenzenden Waben weiterlaufen. Jede Wabe darf nur einmal besucht werden. Leider ist nicht ersichtlich, wo die Rechnung beginnt, endet und welchen Weg sie nimmt. Das Ergebnis der Rechnung ist vorgegeben. Alle Waben kommen in der Rechnung vor. Es gilt die Punkt-vor-Strich-Rechnung.

Kategorien: Mathematik, Logik

Beispiel

Wie lautet die Rechenschlange für das Ergebnis 10?

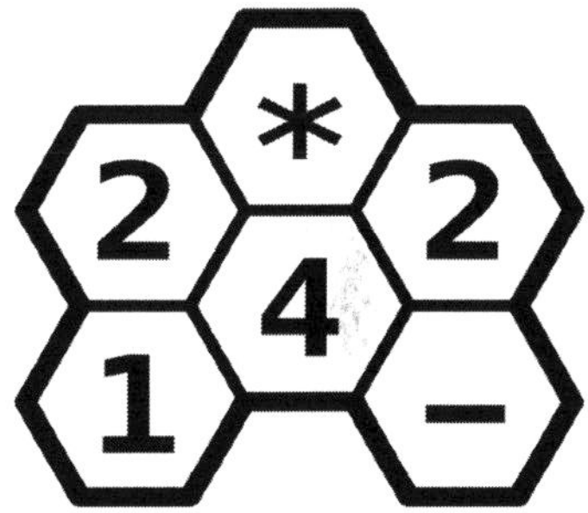

Lösung

Die Rechnung lautet: 14-2*2 = 10

Starten Sie in der Wabe links unten. Der Weg durch das Feld ist mit grauen Trennlinien markiert.

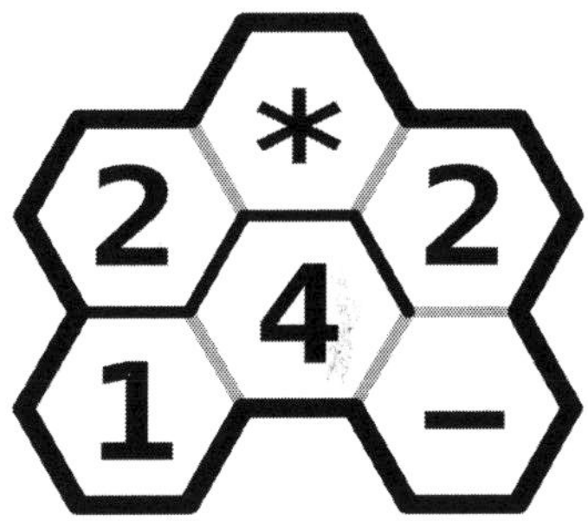

TIPPS

- Die Rechnung kann nur mit einer Zahl oder einem Minuszeichen beginnen.
- Als letztes Zeichen einer Rechnung scheiden die Operatoren aus.
- Mehrstellige Zahlen beginnen nicht mit der Ziffer Null.

Zusatzaufgabe

Finden Sie weitere gültige Rechnungen in den Waben und lösen Sie diese.

>> RECHEN-HÜPFER

In der Matrix verstecken sich Rechnungen, die sich nur mit einem Geheimcode entziffern lassen:

Starten Sie für jede Rechnung neu bei dem Fragezeichen (?). Welche Ziffern oder Operationen folgen zeigt der Code: Das erste Zeichen (▹, ▵, ▿, ◃) bestimmt die Richtung und die Zahl sagt, wie viele Zellen Sie springen müssen.

Folgen Sie den Code, um die Rechnung zu entziffern und zu lösen. Es gilt die Punkt-Vor-Strich-Rechnung.

Kategorien: Gedächtnis, Mathematik

Beispiel

Welche Rechnungen verstecken Sich in der Matrix und wie lauten die Ergebnisse?

1. Rechnung: ▹2, ▹2, ▿3
2. Rechnung: ▹3, ◃2, ▿3
3. Rechnung: ▿2, ▹1, ▵1, ▹3, ◃1

?	-	5	4	-
3	+	0	9	1
1	3	0	2	0
8	2	9	9	9

Lösung

1. Rechnung: 5 - 9 = -4
2. Rechnung: 4 - 2 = 2
3. Rechnung: 13 + 19 = 32

TIPPS

- Das Fragezeichen als Start liegt nicht immer in der linken oberen Ecke.
- Starten Sie mit den kürzeren Rechnungen. Während der ersten Versuche kann es hilfreich sein, sich vor dem Lösen der Aufgabe, die Rechnung zu notieren.
- Für den besten Trainingseffekt sollten Sie die Aufgaben komplett im Gedächtnis durchführen.

>> ZIEL-RECHNEN

Vorgegeben sind Zahlen und das jeweilige Ergebnis. Finden Sie eine Rechnung, die mit den Vorgaben und den Operatoren +, -, *, Division (/) dieses Ergebnis zur Lösung hat. Klammern um Teilrechnungen sind erlaubt. Alle vorgegebenen Zahlen müssen genau ein Mal vorkommen. Bei den Operatoren können Sie frei wählen. Es gilt die Punkt-vor-Strich-Rechnung.

Kategorien: Gedächtnis, Mathematik, Logik

Beispiel

Erreichen Sie das Ergebnis 9 mit den Zahlen: 7, 10, 3.

Lösung

3 * (10 - 7) = 9

TIPPS

- Zahlen dürfen kombiniert werden: Aus vier und zwei könnte auch 42 oder 24 werden.
- Prüfen Sie, ob das Ergebnis ein Teiler oder ein Vielfaches einer der vorgegebenen Zahlen ist.

>> FEHLENDE OPERATOREN

In der Rechnung fehlen alle Operatoren. Setzen Sie die korrekten Operatoren +, -, * oder Division (/) ein, damit sich das vorgegebene Ergebnis ergibt. Es gilt die Punkt-vor-Strich-Rechnung.

Beispiel

6 __ (5__ 2) = - 4

Lösung

6 – (5 * 2) = - 4

TIPPS

- Nähern Sie sich dem Ergebnis schrittweise an.

>> ÜBERFLÜSSIGE ZIFFERN

Entfernen Sie überflüssige Ziffern auf der linken Seite einer Gleichung, damit die Rechnung stimmt. Das Ergebnis auf der rechten Seite ist korrekt. Operatoren können jedoch nicht komplett verschwinden, da eine Ziffer übrig bleiben muss.

Im Buch gibt es verschiedene Varianten. Achten Sie jeweils in der Beschreibung darauf, wie viele Ziffern überflüssig sind.

Kategorien: Gedächtnis, Mathematik

Beispiel

Entfernen Sie zwei Ziffern in jeder Rechnung, damit die Ergebnisse auf der rechten Seite jeweils stimmen:

863 + 932 = 95

123 - 140 = 3

Lösung

_63 + _32 = 95

1_3 - 1_0 = 3

TIPPS

- In welche Zahl zu viele Ziffern stecken ist meistens daran zu erkennen, dass die einzelnen Zahlen auf der linken Seite deutlich größer als das Ergebnis der Rechnung sind.
- Manchmal gibt die letzte Ziffer des Ergebnisses einen Hinweis, welche Ziffern auf der linken Seite notwendig sind.

>> ZELLEN ENTFERNEN

Streichen Sie alle Zellen durch, die nicht zur Summe rechts neben der Zeile oder unter der Spalte passen. Die Zahl in der Klammer zeigt an, wie viele Zellen pro Zeile und Spalte übrigbleiben müssen.

Kategorien: Gedächtnis, Mathematik

Beispiel

1	6	5	6 (2)
9	7	6	16 (2)
7	3	4	7 (2)
10 (2)	10 (2)	9 (2)	

Lösung

1	~~6~~	5	6 (2)
9	7	~~6~~	16 (2)
~~7~~	3	4	7 (2)
10 (2)	10 (2)	9 (2)	

TIPPS

- In Zeilen und Spalten mit hohen oder niedrigen Summen können einzelne Zahlen oft leicht ausgeschlossen werden

>> RECHNEN MIT SYMBOLEN

Merken Sie sich die folgende Zuordnung von Symbolen und Ziffern und lösen Sie die Aufgaben. Versuchen Sie die Zuordnung vollständig im Gedächtnis zu behalten, ohne ständig nachzusehen. Es gilt die Punkt-vor-Strich-Rechnung.

Kategorien: Gedächtnis, Mathematik

Beispiel

Zuordnung merken:

0 = □, 1 = ✂, 2 = ◈

Rechnen:

◈ * ◈ □ = ?

Lösung

2 * 20 = 40

TIPPS

- Nehmen Sie sich etwas Zeit, um sich die Zuordnungen vollständig zu merken.
- Wenn Sie eine Zuordnung nicht mehr wissen, können Sie versuchen, diese aus den noch gemerkten Zuordnungen zu rekonstruieren.

SEHR EINFACHE AUFGABEN

>> ZAHLEN-VERWANDLUNG

Starten Sie mit der vorgegebenen Zahl und führen Sie im Kopf die Rechenschritte durch. Wie lautet das Ergebnis?

1	Merken Sie sich die Zahl „63“	• Letzte Ziffer entfernen • Ziffer „2“ vorne anfügen	Wie lautet das Ergebnis?
2	Merken Sie sich die Zahl „55“	• Erste Ziffer entfernen • Addieren der Zahl „3“	Wie lautet das Ergebnis?
3	Merken Sie sich die Zahl „36“	• Größte Ziffer entfernen • Ziffer „1“ am Ende anhängen	Wie lautet das Ergebnis?
4	Merken Sie sich die Zahl „38“	• Reihenfolge der Ziffern umdrehen • Subtrahieren der Zahl „2“ • Letzte Ziffer entfernen	Wie lautet das Ergebnis?
5	Merken Sie sich die Zahl „25“	• Ziffer „2“ am Ende anhängen • Alle geraden Ziffern entfernen • Ziffer „3“ am Ende anhängen	Wie lautet das Ergebnis?
6	Merken Sie sich die Zahl „30“	• Ziffer „1“ vorne anfügen • Subtrahieren der Zahl „6“ • Kleinste Ziffer entfernen	Wie lautet das Ergebnis?
7	Merken Sie sich die Zahl „66“	• Quersumme bilden • Alle ungeraden Ziffern entfernen • Ziffer „5“ vorne anfügen	Wie lautet das Ergebnis?
8	Merken Sie sich die Zahl „15“	• Kleinste Ziffer entfernen • Ziffer „9“ am Ende anhängen • Reihenfolge der Ziffern umdrehen	Wie lautet das Ergebnis?
9	Merken Sie sich die Zahl „17“	• Ziffer „7“ vorne anfügen • Quersumme bilden • Ziffer „4“ am Ende anhängen	Wie lautet das Ergebnis?
10	Merken Sie sich die Zahl „175“	• Quersumme bilden • Kleinste Ziffer entfernen • Ziffer „4“ am Ende anhängen	Wie lautet das Ergebnis?
11	Merken Sie sich die Zahl „179“	• Multiplizieren mit „2“ • Größte Ziffern entfernen • Ziffer „2“ vorne anfügen	Wie lautet das Ergebnis?
12	Merken Sie sich die Zahl „117“	• Subtrahieren der Zahl „3“ • Reihenfolge der Ziffern umdrehen • Erste Ziffer entfernen	Wie lautet das Ergebnis?
13	Merken Sie sich die Zahl „163“	• Letzte Ziffer entfernen • Reihenfolge der Ziffern umdrehen • Kleinste Ziffer entfernen	Wie lautet das Ergebnis?
14	Merken Sie sich die Zahl „30“	• Ziffer „6“ vorne anfügen • Addieren der Zahl „6“ • Alle geraden Ziffern entfernen	Wie lautet das Ergebnis?

>> SCHLANGEN-RECHNEN

Durch die Waben in der Aufgabe schlängelt sich eine Rechnung. Von einer Wabe darf die Schlange nur zu angrenzenden Waben weiterlaufen. Jede Wabe muss genau einmal besucht werden. Leider ist nicht ersichtlich, wo die Rechnung beginnt, endet und welchen Weg sie nimmt. Das Ergebnis der Rechnung ist vorgegeben. Es gilt die Punkt-vor-Strich-Rechnung.

1. Erreichen Sie das Ergebnis: -3

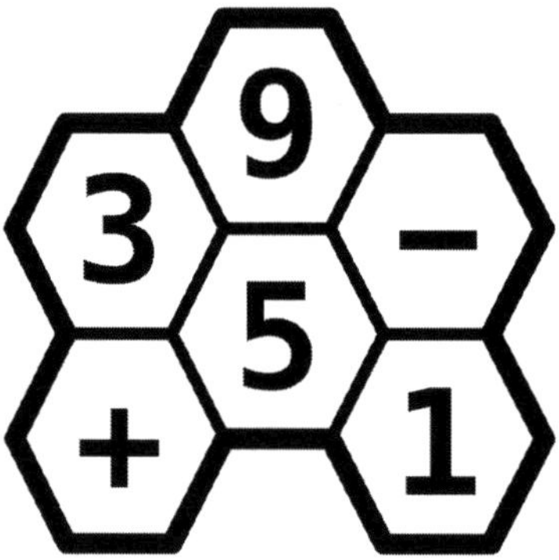

2. Erreichen Sie das Ergebnis: 2

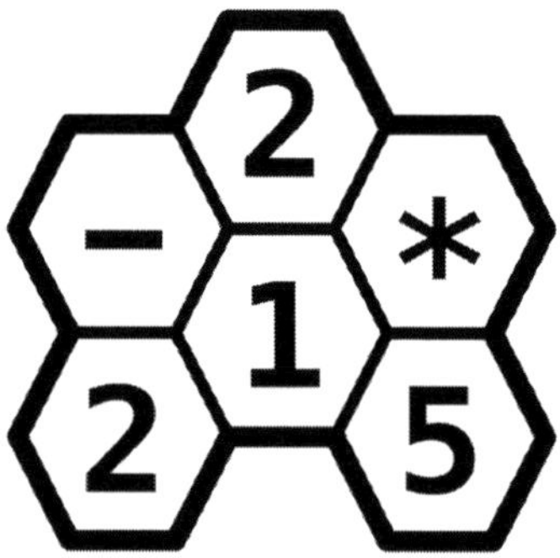

3. Erreichen Sie das Ergebnis: 1

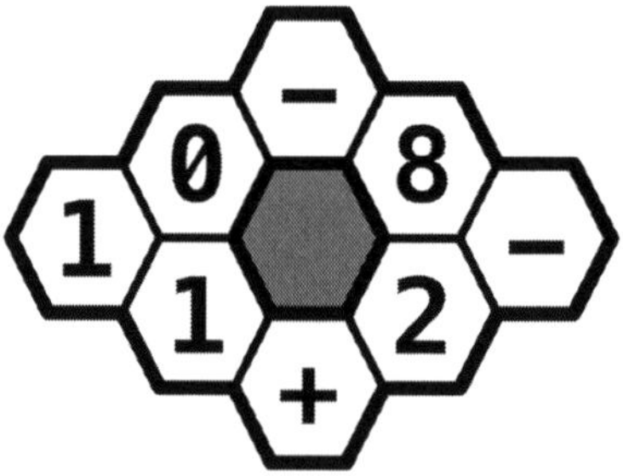

4. Erreichen Sie das Ergebnis: 8

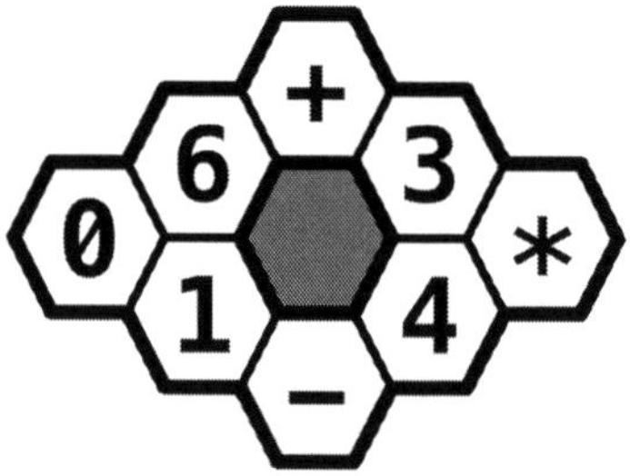

5. Erreichen Sie das Ergebnis: 11

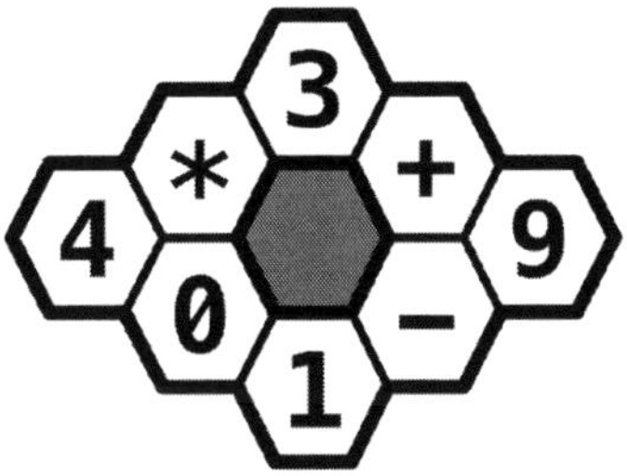

6. Erreichen Sie das Ergebnis: 12

7. Erreichen Sie das Ergebnis: 42

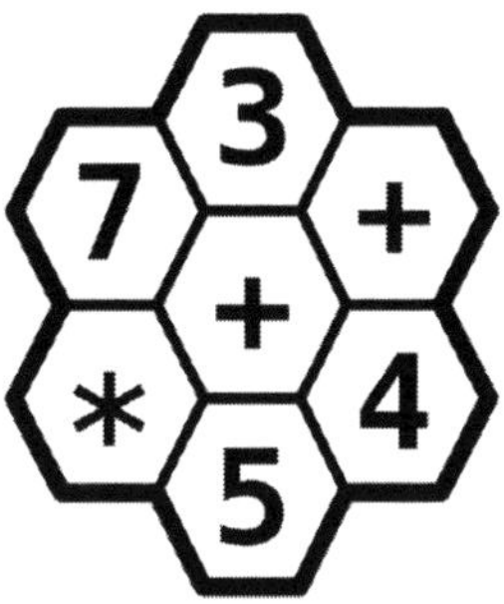

8. Erreichen Sie das Ergebnis: -5

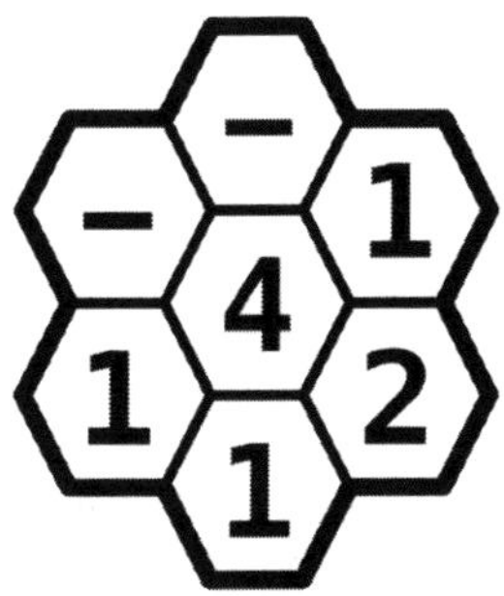

9. Erreichen Sie das Ergebnis: -4

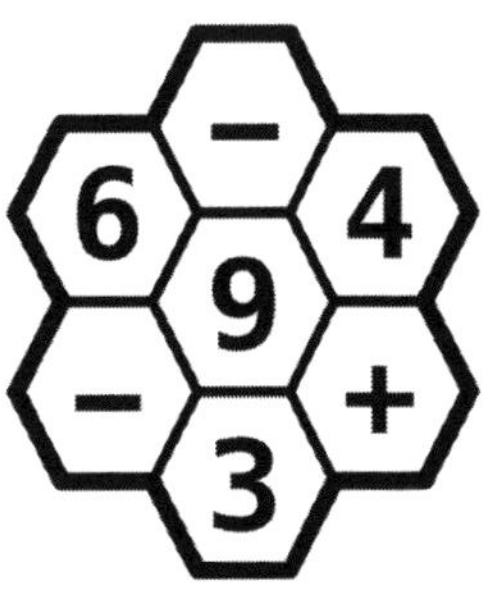

10. Erreichen Sie das Ergebnis: 3

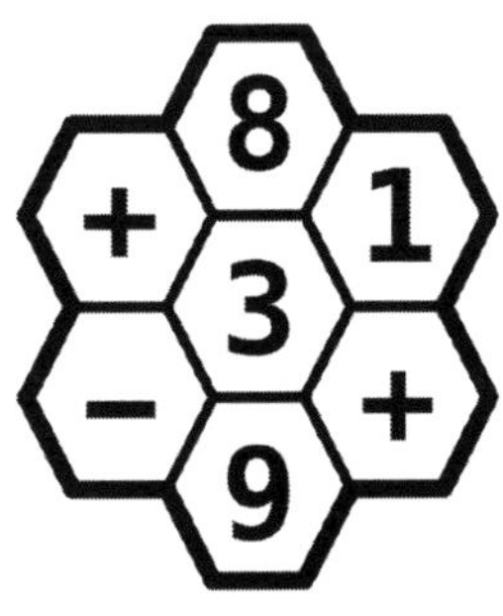

>> RECHEN-HÜPFER

Starten Sie für jede Rechnung neu bei dem Fragezeichen (?). Welche Ziffern oder Operationen folgen, zeigt der Code: Das erste Zeichen (▷, △, ▽, ◁) bestimmt die Richtung und die Zahl sagt, wie viele Zellen Sie springen müssen. Es gilt die Punkt-Vor-Strich-Rechnung.

1	1 ? 4 3 6 1 6 - 4 * 7 9 + 1 * **1. Rechnung:** ▷3, ▽2, ◁3 **2. Rechnung:** ▽1, ▷3, ◁4, ▷3 **3. Rechnung:** ◁1, ▷2, ▽2, ▷1, △2
2	0 6 * 7 6 4 + 3 ? 1 + 1 8 * 0 **1. Rechnung:** ◁3, ▷1, ▽1, ▷1 **2. Rechnung:** △1, ◁1, ▽1 **3. Rechnung:** ▷1, ◁4, ▽1, ▷1, △2

<table>
<tr><td>3</td><td>8 - 5 5 0
1 ? 2 1 1
0 + + 7 2

1. Rechnung: ◁1, ▽1, ▷2, ▷1
2. Rechnung: ▷3, ▽1, ◁3, ▷3, △2
3. Rechnung: ◁1, △1, ▷1, ▷2</td></tr>
<tr><td>4</td><td>- 8 1 2 1
- 2 1 2 4
3 0 1 + ?

1. Rechnung: △2, ◁1, ◁3, ▷1
2. Rechnung: ◁2, ◁2, △1, ▷2, ▷2
3. Rechnung: ◁2, ◁1, ▷2, △1</td></tr>
<tr><td>5</td><td>2 1 / + 4
8 ? 4 3 -
- 9 * + 2

1. Rechnung: ◁1, ▽1, ▷4
2. Rechnung: ▷2, △1, ◁2, ▷3
3. Rechnung: ▽1, ▷1, △1</td></tr>
</table>

6	4 9 + 1 * ? 5 2 - 2 2 3 5 5 9 1. Rechnung: ▽1, △2, ▷2, ▽2 2. Rechnung: ▷4, △1, ◁1, ▽2 3. Rechnung: ▷2, ▷2, ◁1, △1, ◁2
7	7 + + 5 0 1 8 ? 1 - 3 1 * 9 4 1. Rechnung: ◁1, ▷3, ◁4, △1 2. Rechnung: ▷1, ▽1, ◁1, ◁2 3. Rechnung: ▷1, △1, ◁2, ▽2, ▷3
8	- 5 ? 7 1 6 + 8 - 2 1 5 0 + 1 1. Rechnung: ▷2, ◁3, ◁1, ▽1 2. Rechnung: ▷2, ◁1, ▽2, ◁3, ▷2 3. Rechnung: ▽1, ◁1, ▷1

9	+ ? 7 * 6 1 6 - 1 3 * 9 2 4 - **1. Rechnung:** ▽2, ◁1, ▷2, ▷2, ◁3 **2. Rechnung:** ▽1, ▷1, ▷1, △1, ◁1 **3. Rechnung:** ▷3, ◁4, ▽1, ▷4
10	* 5 1 - - 8 2 4 0 2 1 ? 7 1 3 **1. Rechnung:** ▷3, △2, ◁2, ◁1 **2. Rechnung:** △1, ▷2, △1, ◁1, ▽2 **3. Rechnung:** ▷2, ◁3, △2, ▽1

>> WORT-WIRRWARR

In jeder Aufgabe sind die Buchstaben eines Wortes in ihrer Reihenfolge vertauscht. Alle aufgelisteten Buchstaben kommen im gesuchten Wort vor. Es könnte mehr als eine Lösung geben. Können Sie das folgende Wort korrekt erkennen?

1	A B E U J
2	S E N C J H
3	K J R M A
4	Z A Z J P
5	L J U K
6	P U P J R
7	B U C H E S

8	E M E N D J
9	S R K J C J
10	F A E J U
11	E A N S H
12	R R O H
13	A U R F
14	W C J J H

>> WORT-SALAT

In jeder Aufgabe sind die Buchstaben von zwei Wörtern ineinander geraten. Die Buchstaben stehen in der korrekten Reihenfolge, jedoch ist nicht ersichtlich, zu welchem Wort ein Buchstabe jeweils gehört.

1	PULHELFJJ
2	LJFSJPANN
3	MARUUNLDE
4	NERRZOEJ
5	WMASJAAGE
6	RJZSWEJSEG
7	WBAUJBSE

8	ANKELRADER
9	FAFRJRNMA
10	DBAJEENLEG
11	WEWGAENZE
12	BGRAADSAR
13	SUUHMRME
14	SJOLPEERE

>> STÄBCHEN UMLEGEN (WORTE)

Legen Sie in jedem Buchstaben ein Stäbchen um, damit sich ein Wort der deutschen Sprache ergibt.

1	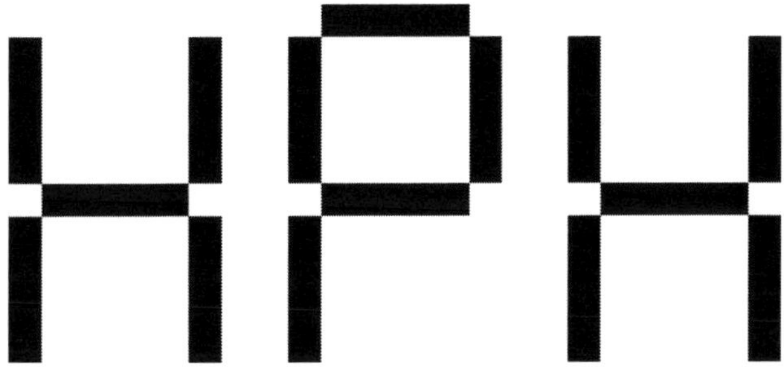
2	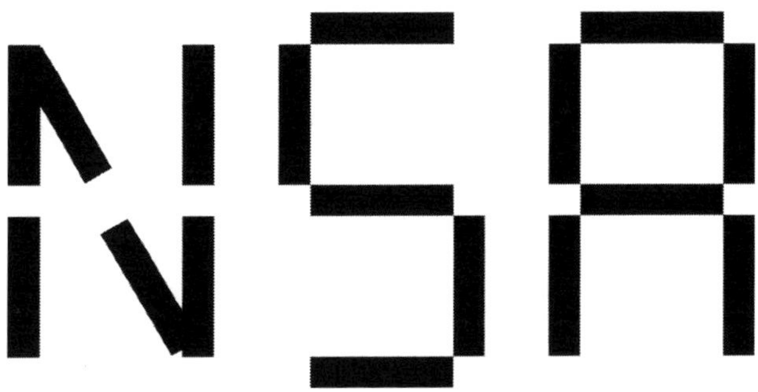
3	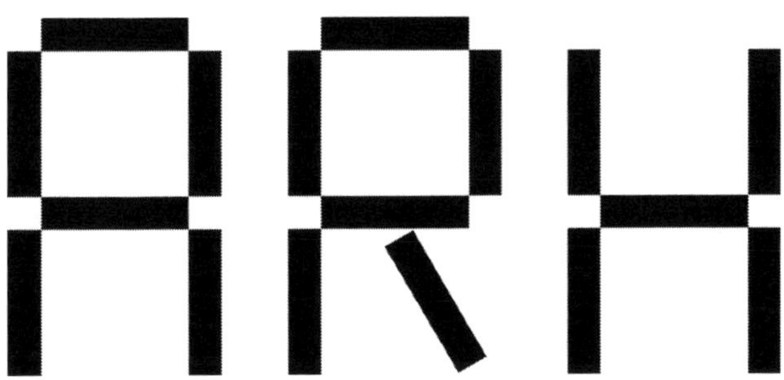

4	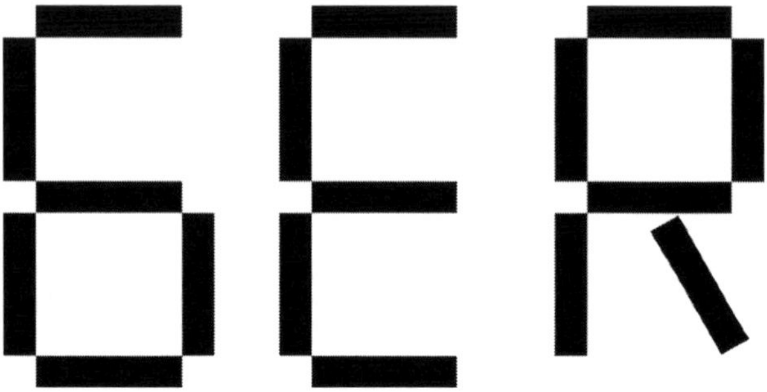
5	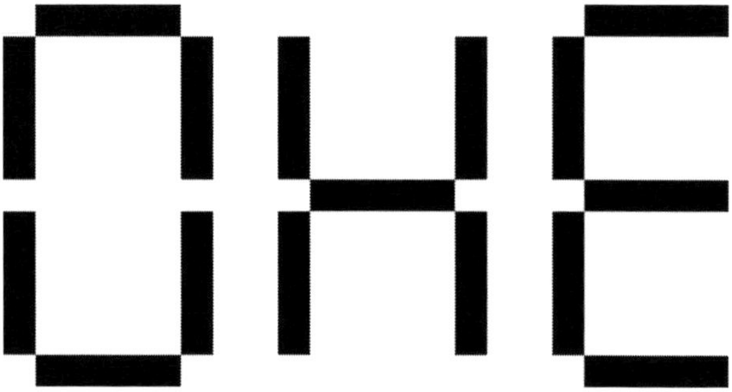
6	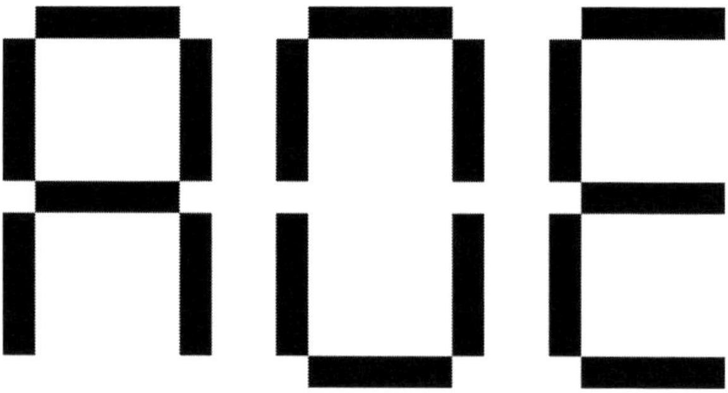

7	PUS
8	APN
9	PAC
10	AHC

>> ZIEL-RECHNEN

Vorgegeben sind Zahlen und ein Zielwert. Finden Sie eine Rechnung, die mit den Vorgaben und Operatoren +, -, *, Division (/) genau den Zielwert trifft. Klammern um Teilrechnungen sind erlaubt. Es gilt die Punkt-vor-Strich-Rechnung. Alle vorgegebenen Zahlen müssen genau einmal vorkommen.

1	Erreichen Sie den Zielwert „7“ mit den Zahlen: 6, 5, 7.
2	Erreichen Sie den Zielwert „43“ mit den Zahlen: 8, 3, 5.
3	Erreichen Sie den Zielwert „36“ mit den Zahlen: 4, 8, 4.
4	Erreichen Sie den Zielwert „9“ mit den Zahlen: 7, 4, 4.
5	Erreichen Sie den Zielwert „9“ mit den Zahlen: 5, 10, 7.
6	Erreichen Sie den Zielwert „88“ mit den Zahlen: 1, 3, 9.
7	Erreichen Sie den Zielwert „56“ mit den Zahlen: 6, 8, 8.
8	Erreichen Sie den Zielwert „53“ mit den Zahlen: 6, 8, 5.
9	Erreichen Sie den Zielwert „17“ mit den Zahlen: 4, 3, 5.
10	Erreichen Sie den Zielwert „76“ mit den Zahlen: 9, 5, 8.
11	Erreichen Sie den Zielwert „89“ mit den Zahlen: 5, 13, 24.
12	Erreichen Sie den Zielwert „817“ mit den Zahlen: 8, 13, 4.

>> RECHNEN MIT SYMBOLEN

Merken Sie sich die Zuordnung von Ziffern zu Symbolen und lösen Sie folgenden Aufgaben. Es gilt die Punkt-vor-Strich-Rechnung.

1

Merken:
1 = ☶, 2 = ♞, 3 = □, 4 = ✂

Rechnen:
♞ + □ = ?
□ + □ = ?
✂ + ✂ = ?
✂ * □ = ?
□ * ☶ = ?
♞ * ☶ - □ = ?

2

Merken:
1 = ♔, 2 = ⊙, 3 = ☶, 4 = ✓

Rechnen:
✓ + ♔ = ?
⊙ * ☶ = ?
✓ + ☶ = ?
☶ + ♔ = ?
✓ - ☶ = ?
☶ * ✓ + ⊙ = ?

3

Merken:
1 = ✂, 2 = ♔, 3 = ✓, 4 = ◈,
5 = ☶

Rechnen:
✓ * ♔ = ?
♔ + ✓ = ?
♔ + ✂ = ?
♔ * ♔ = ?
✂ * ☶ = ?
♔ * ♔ - ✓ = ?

4

Merken:
1 = ✂, 2 = ◈, 3 = ♔, 4 = ✓,
5 = ♞

Rechnen:
♔ - ✂ = ?
♔ * ✂ = ?
✓ - ♔ = ?
♔ * ♞ = ?
◈ * ♔ = ?
♔ + ✂ = ?

5

Merken:
1 = ◈, 2 = □, 3 = ✂, 4 = ♔,
5 = ♧

Rechnen:
◈ + ◈ = ?
✂ - ♧ = ?
□ + ✂ = ?
✂ + □ = ?
♔ - ♔ * □ = ?
◈ + ♧ - ♔ = ?

6

Merken:
1 = □, 2 = ☶, 3 = ◈, 4 = □, 5
= ⊙

Rechnen:
☶ - □ = ?
☶ + ◈ = ?
◈ * ☶ = ?
□ + ☶ = ?
□ + □ = ?
◈ * ⊙ = ?
⊙ * ⊙ = ?
◈ - ◈ * □ = ?
◈ - □ + ⊙ = ?
⊙ - ⊙ - □ = ?

>> ÜBERFLÜSSIGE ZIFFERN

Entfernen Sie auf der linken Seite der Rechnung genau zwei Ziffern, damit die Rechnung stimmt. Das Ergebnis auf der rechten Seite ist korrekt.

1	134 - 170 = -4
2	14 + 1301 = 24
3	1241 + 7 = 18
4	316 - 120 = 4
5	521 - 19 = -14
6	5 * 1778 - 13 = 77
7	151 - 171 = -6
8	97 - 510 = -1

9	5 + 2052 = 27
10	13 * 20 - 1641 = 246
11	1936 - 4 = 9
12	643 + 7 - 3 = 8
13	26 - 141 = -5
14	274 + 134 = 37
15	845 - 107 = 35
16	124 - 528 = -14

>> ZELLEN ENTFERNEN

Entfernen Sie Zellen aus der Tabelle, damit die Summe der Zellen neben der Zeile und unter der Spalte stimmt. Die Zahl in Klammern zeigt an, wie viele Zeilen in der Zeile und der Spalte übrigbleiben müssen.

1.

9	5	4	5	18 (3)
3	3	5	2	10 (3)
8	3	6	8	11 (2)
6	4	2	2	6 (2)
20 (3)	7 (2)	9 (2)	9 (3)	

2.

7	8	2	6	8 (2)
8	3	7	8	11 (2)
2	8	7	1	17 (3)
1	6	2	8	9 (3)
3 (2)	17 (3)	11 (3)	14 (2)	

3.

6	1	2	1	9 (3)
5	2	4	7	9 (2)
8	9	8	2	10 (2)
9	3	4	7	14 (3)
19 (3)	4 (2)	10 (3)	9 (2)	

4.

4	9	9	6	19 (3)
5	8	2	9	14 (2)
6	7	7	8	14 (2)
8	1	9	5	18 (3)
17 (3)	17 (3)	16 (2)	15 (2)	

5.

1	8	2	8	11 (3)
2	7	3	2	9 (2)
9	3	1	4	7 (2)
2	2	2	5	9 (3)
5 (3)	10 (2)	4 (2)	17 (3)	

6.

9	9	9	4	22 (3)
7	4	8	9	13 (2)
6	5	7	4	12 (2)
2	2	2	4	8 (3)
11 (2)	18 (3)	9 (2)	17 (3)	

7.

9	2	3	1	14 (3)
5	9	8	3	16 (3)
1	9	7	6	7 (2)
1	1	6	7	8 (2)
15 (3)	3 (2)	11 (2)	16 (3)	

8.

2	8	3	2	7 (3)
2	5	1	5	12 (3)
9	1	3	9	4 (2)
5	8	5	6	14 (2)
4 (2)	14 (3)	6 (2)	13 (3)	

9.

9	4	7	3	11 (2)
4	6	3	4	11 (3)
9	7	6	4	20 (3)
4	3	7	7	10 (2)
13 (2)	14 (3)	17 (3)	8 (2)	

10.

1	1	3	6	2 (2)
1	4	1	4	5 (2)
4	5	1	8	10 (3)
5	9	5	8	22 (3)
5 (2)	15 (3)	7 (3)	12 (2)	

>> BUCHSTABEN-HÜPFER

Welche Wörter verstecken Sich jeweils in der Matrix?

1	U T B ? G A F P H Y S T I T Z 1. Wort: ▽1, ◁3, ▷1, △1 2. Wort: ◁1, ◁2, ▽2 3. Wort: ▷1, ◁4, ▷1
2	I G H E W L E ? B B I T 1. Wort: ◁3, ▷2, △1 2. Wort: ▽1, △2, ◁3, ▷1 3. Wort: ◁2, ▷1, ▽1, ◁1
3	C F ? A H B I N S I G E 1. Wort: ▽1, ◁1, ▽1, ◁1 2. Wort: ▽2, ▷1, △1 3. Wort: ◁1, ▷2, ◁3, ▽1

4	L C K L U I ? K B K M U 1. Wort: ▷1, ◁2, △1, ▽2 2. Wort: △1, ◁2, ▽1, ▽1 3. Wort: ▽1, ▷1, △2, ◁3
5	W L P ? M E I T F H G T A T U 1. Wort: ▷1, ▽2, ◁1 2. Wort: ◁2, ▽1, ▷2, ◁1 3. Wort: ◁1, ▽2, ◁2, △1
6	? B O S T P I U T R E Z L L P 1. Wort: ▷4, ◁2, ▽1, ▷2 2. Wort: ▷1, ▽1, ▷2, △1 3. Wort: ▽1, ▽1, ▷3, -2

7	**U D A Z** **T E H ?** **A N N H** *1. Wort: ▽1, ◁3, △2, ▽1* *2. Wort: △1, ◁1, ▽1, ▽1* *3. Wort: ◁2, ▽1, △2, ▽1*
8	**R O D E C** **G M ? M U** **A K I S N** *1. Wort: ◁1, ▷3, ◁3, ▷2* *2. Wort: ◁2, △1, ▽2, ▷3* *3. Wort: △1, ▷1, ▷1, ◁3* *4. Wort: ▽1, ▷2, ◁3, ◁1*
9	**A D P S E** **T O B N O** **T G O ? V** *1. Wort: △2, ▽1, ▷1, ◁2* *2. Wort: ◁2, △1, ◁1, ▽1* *3. Wort: ◁1, △2, ◁2, ▷3*

10	L F E P R A ? B E G L E D S U 1. Wort: ▷2, ▽1, △2, ◁1 2. Wort: ▷3, ▽1, △2, ▽2 3. Wort: ▷1, ◁2, ▽1, △2 4. Wort: △1, ▽2, ◁1, ▷2
11	K B ? L A S T G A B C I D A Y 1. Wort: ▽1, ▷1, ◁3, ▷1 2. Wort: ◁1, ▷3, ▽1, ▽1 3. Wort: ◁2, ▷4, ◁1, ◁3
12	? H D B O T O Z O T R Z A U L 1. Wort: ▷3, ▽2, △2 2. Wort: ▽2, ▷2, △2 3. Wort: ▷1, ▷3, ▽2, ◁3

>> ÜBERFLÜSSIGE BUCHSTABEN

Bei diesen Aufgaben haben sich überflüssige Buchstaben in die Worte geschlichen. Streichen Sie diese, um das gesuchte Wort zu erkennen. In den Klammern finden Sie die Anzahl der überflüssigen Buchstaben.

1	HEIVMADT (2)	8	GEELENWKE (2)
2	GGARTPEN (2)	9	MPAUUSAE (3)
3	TRQOXG (2)	10	FSEZINDE (2)
4	ATRIICK (2)	11	MNOANATE (2)
5	ZSEUGDIN (2)	12	VORBDIDLLD (3)
6	QFGORLM (3)	13	PIAUVSE (2)
7	SKTAFFEZL (2)	14	OAMKTEN (2)

>> SCHLANGEN-WORT

Durch die Waben in der Aufgabe schlängelt sich ein Wort. Von einer Wabe darf die Schlange nur durch angrenzende Waben laufen und jede Wabe kommt nur einmal vor. Leider ist nicht vorgegeben, wo das Wort beginnt und endet.

1.

2.

3.

4.

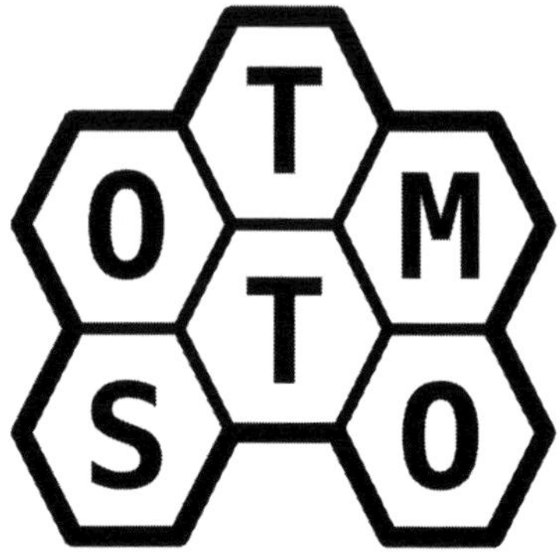

5.

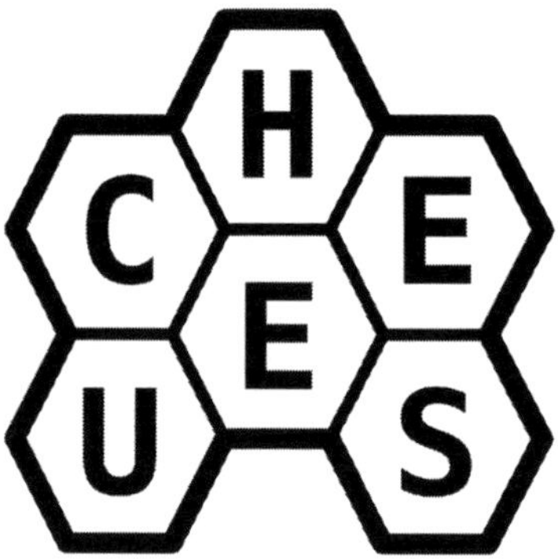

6.

7.

8.

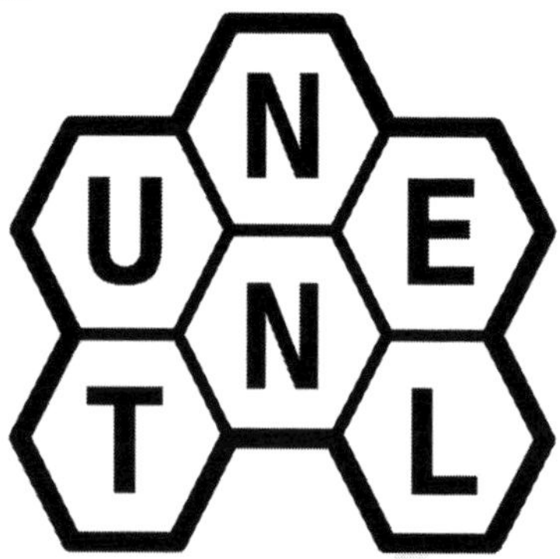

9.

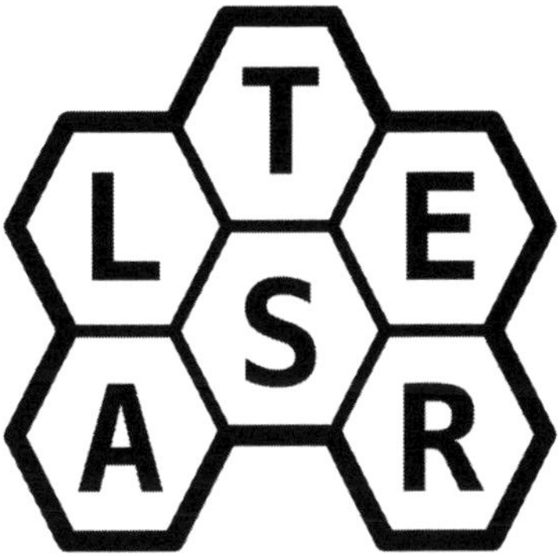

10.

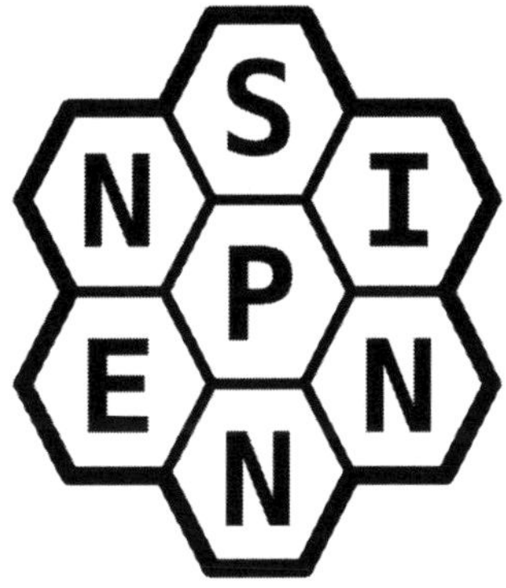

11.

12.

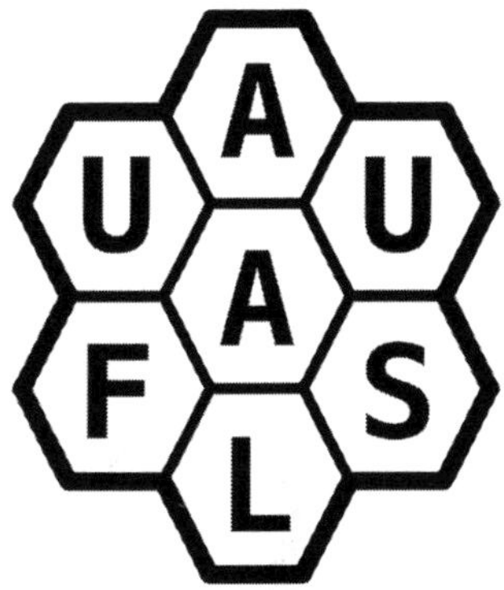

>> FEHLENDE OPERATOREN

In der Rechnung fehlen alle Operatoren. Setzen Sie die korrekten Operatoren +, -, * oder / ein, damit sich das richtige Resultat ergibt. Es gilt die Punkt-vor-Strich-Rechnung.

1	(13 __ 2) __ 5 = 16
2	13 __ 20 __ 19 = 12
3	2 __ 20 __ 3 = 62
4	5 __ 4 __ 8 __ 6 = -1
5	5 __ 13 __ 9 = 56
6	18 __ 35 __ 27 = 26
7	(3 __ 8) __ 4 __ 4 = 16

8	(4 __ 1 __ 8 __ 3) = 10
9	7 __ 1 __ 5 __ 9 = 51
10	3 __ 1 __ 4 __ 10 = 16
11	2 __ (2 __ 7 __ 8) = 60
12	10 __ (10 __ 13) = -13
13	(1 __ 14) __ 20 = 34

>> BUCHSTABEN-VERWANDLUNG

Beginnen Sie mit den vorgegebenen Buchstaben. Wenn Sie alle Schritte im Kopf korrekt durchführen, finden Sie das gesuchte Ergebniswort.

1	Starten Sie mit: „RJ“ • Buchstabe „O" für „R" einsetzen • Buchstabe „B“ vorne anfügen • Erster und letzter Buchstabe tauschen die Plätze. Welches Wort ist das Ergebnis?
2	Starten Sie mit: „G“ • Buchstabe „A“ hinten anfügen • Reihenfolge der Zeichen umdrehen • Buchstabe „G“ vorne anfügen Welches Wort ist das Ergebnis?
3	Starten Sie mit: „RS“ • Buchstabe „T“ hinten anfügen • Reihenfolge der Zeichen umdrehen • Buchstabe „O" für „S" einsetzen Welches Wort ist das Ergebnis?
4	Starten Sie mit: „HW“ • Buchstabe „R“ vorne anfügen • Buchstabe „O" für „W" einsetzen • Reihenfolge der Zeichen umdrehen Welches Wort ist das Ergebnis?

5	Starten Sie mit: „T“ • Buchstabe „Y“ vorne anfügen • Reihenfolge der Zeichen umdrehen • Buchstabe „P“ hinten anfügen Welches Wort ist das Ergebnis?
6	Starten Sie mit: „AUT“ • Reihenfolge der Zeichen umdrehen • Buchstabe „K" für „U" einsetzen • Reihenfolge der Zeichen umdrehen Welches Wort ist das Ergebnis?
7	Starten Sie mit: „CO“ • Buchstabe „D“ hinten anfügen • Buchstabe „M" für „C" einsetzen • Reihenfolge der Zeichen umdrehen Welches Wort ist das Ergebnis?
8	Starten Sie mit: „E“ • Buchstabe „W“ hinten anfügen • Erster und letzter Buchstabe tauschen die Plätze. • Buchstabe „G“ hinten anfügen Welches Wort ist das Ergebnis?
9	Starten Sie mit: „P“ • Buchstabe „P“ vorne anfügen • Buchstabe „S“ vorne anfügen • Buchstabe „E" für „P" einsetzen Welches Wort ist das Ergebnis?
10	Starten Sie mit: „U“ • Buchstabe „R“ hinten anfügen • Reihenfolge der Zeichen umdrehen • Buchstabe „F“ hinten anfügen Welches Wort ist das Ergebnis?
11	Starten Sie mit: „F“ • Buchstabe „B" für „F" einsetzen • Buchstabe „I“ vorne anfügen • Erster und letzter Buchstabe tauschen die Plätze. • Buchstaben „LD“ hinten anfügen Welches Wort ist das Ergebnis?

EINFACHE AUFGABEN

>>

>> ZAHLEN-VERWANDLUNG

Starten Sie mit der vorgegebenen Zahl und führen Sie im Kopf die Rechenschritte durch. Wie lautet das Ergebnis?

1	Merken Sie sich die Zahl „97“ • Multiplizieren mit „3“ • Letzte Ziffer entfernen Wie lautet das Ergebnis?
2	Merken Sie sich die Zahl „47“ • Quersumme bilden • Ziffer „7“ am Ende anhängen Wie lautet das Ergebnis?
3	Merken Sie sich die Zahl „53“ • Quersumme bilden • Ziffer „5“ vorne anfügen Wie lautet das Ergebnis?
4	Merken Sie sich die Zahl „15“ • Ziffer „1“ vorne anfügen • Addieren der Zahl „4“ Wie lautet das Ergebnis?
5	Merken Sie sich die Zahl „133“ • Erste Ziffer entfernen • Letzte Ziffer entfernen • Subtrahieren der Zahl „1“ Wie lautet das Ergebnis?
6	Merken Sie sich die Zahl „17“ • Reihenfolge der Ziffern umdrehen • Addieren der Zahl „7“ • Alle geraden Ziffern entfernen Wie lautet das Ergebnis?
7	Merken Sie sich die Zahl „169“ • Subtrahieren der Zahl „7“ • Größte Ziffern entfernen • Letzte Ziffer entfernen Wie lautet das Ergebnis?
8	Merken Sie sich die Zahl „25“ • Alle geraden Ziffern entfernen • Subtrahieren der Zahl „4“ • Ziffer „9“ vorne anfügen Wie lautet das Ergebnis?

9	Merken Sie sich die Zahl „95“ • Reihenfolge der Ziffern umdrehen • Ziffer „1“ vorne anfügen • Letzte Ziffer entfernen Wie lautet das Ergebnis?
10	Merken Sie sich die Zahl „48“ • Ziffer „8“ am Ende anhängen • Subtrahieren der Zahl „4“ • Größte Ziffern entfernen Wie lautet das Ergebnis?
11	Merken Sie sich die Zahl „47“ • Kleinste Ziffer entfernen • Ziffer „8“ am Ende anhängen • Ziffer „7“ vorne anfügen Wie lautet das Ergebnis?
12	Merken Sie sich die Zahl „84“ • Ziffer „6“ am Ende anhängen • Quersumme bilden • Alle ungeraden Ziffern entfernen Wie lautet das Ergebnis?
13	Merken Sie sich die Zahl „3“ • Ziffer „7“ vorne anfügen • Ziffer „1“ vorne anfügen • Quersumme bilden Wie lautet das Ergebnis?
14	Merken Sie sich die Zahl „152“ • Letzte Ziffer entfernen • Größte Ziffern entfernen • Ziffer „1“ am Ende anhängen Wie lautet das Ergebnis?

>> WORT-SALAT

Hier sind in jeder Aufgabe die Buchstaben von zwei Wörtern ineinander geraten. Die Buchstaben stehen in der korrekten Reihenfolge, jedoch ist nicht ersichtlich, zu welchem Wort die jeweiligen Buchstaben gehören.

1	FAVNIGREN
2	RBOACHEGEN
3	TAABAKUTOS
4	NRAIHTNNE
5	FWRUSTARZE
6	BAKNUEASRT
7	SADATUFT

8	PECKEELZE
9	FSTLECKALL
10	UBFEORNZE
11	LENOGEGE
12	MOLDOCUHS
13	FUCIHSONEN
14	TOWORSGOE

>> RECHNEN MIT SYMBOLEN

Merken Sie sich die Zuordnung von Ziffern zu Symbolen und lösen die folgenden Aufgaben. Es gilt die Punkt-vor-Strich-Rechnung.

1	Merken: 1 = ♞, 2 = ☷, 3 = □, 4 = ◈, 5 = □ Rechnen: ◈ + ☷ = ? □ + ◈ = ? □ + ♞ = ? ◈ - □ = ? ♞ + □ = ? ◈ * ♞ = ?
2	Merken: 1 = ☷, 2 = ♔, 3 = □, 4 = ✂, 5 = □ Rechnen: □ + ☷ = ? ♔ * ♔ = ? ✂ + ✂ = ? ♔ * □ = ? ☷ + ☷ = ? ♔ * ✂ = ?
3	Merken: 1 = ⊙, 2 = ☷, 3 = ♧, 4 = ♔, 5 = □, 6 = ♞ Rechnen: ☷ - ⊙ = ? ♞ * ♔ = ? ♧ + ♞ = ? ♧ - ☷ = ? ♔ * ♔ = ? □ * ☷ + ♧ = ?
4	Merken: 1 = ◈, 2 = ♔, 3 = ♧, 4 = ⊙, 5 = ✓, 6 = ☷ Rechnen: ☷ - ◈ = ? ♔ - ☷ = ? ⊙ * ☷ = ? ◈ + ✓ = ? ◈ - ☷ = ? ☷ - ♧ * ⊙ = ?

5	Merken: 1 = □, 2 = ♧, 3 = ✂, 4 = ♔, 5 = ⊙, 6 = ♞, 7 = ◈ Rechnen: □ - ◈ = ? ♧ * ♔ = ? ⊙ + ⊙ = ? □ * ◈ = ? ✂ - □ = ? ♧ - ✂ + ✂ = ?

6	Merken: 1 = ✂, 2 = □, 3 = □, 4 = ✓, 5 = ⊙, 6 = ◈, 7 = ♧ Rechnen: □ + ⊙ = ? ⊙ + ⊙ = ? ✂ * □ = ? □ * ✂ = ? ⊙ - □ = ? ⊙ + ◈ * □ = ?

>> WORT-PUZZLE

Hier wurde ein Wort in Teile zerschnitten. Können Sie die Stücke wieder korrekt zusammensetzen und das Wort lesen?

1	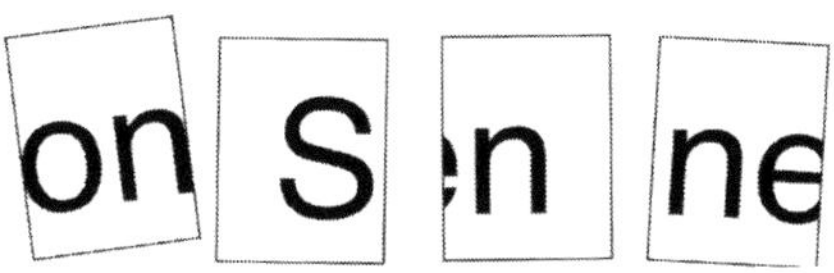
2	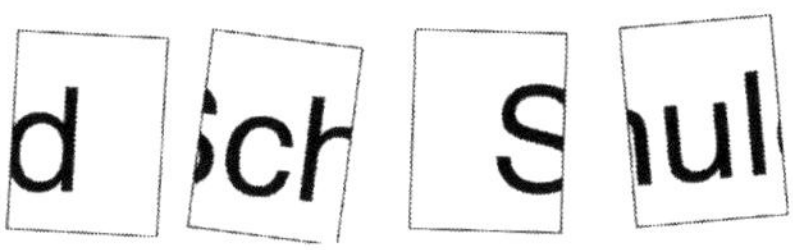
3	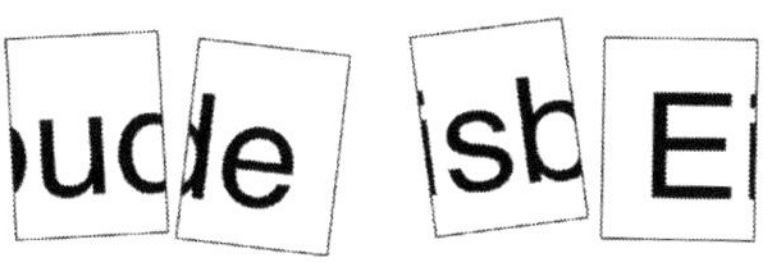

4	he ch n lu F
5	ier uc G h
6	ur K ndi n
7	ler M sc ch
8	ts bu r lo N
9	ler sche e S
10	Sti r ke S ck

>> WORT-WIRRWARR

In jeder Aufgabe sind die Buchstaben eines Wortes in ihrer Reihenfolge vertauscht. Alle aufgelisteten Buchstaben kommen im gesuchten Wort vor. Es könnte mehr als eine Lösung geben. Können Sie das folgende Wort korrekt erkennen?

1	E R I G T
2	L A B N Z I
3	S T A P A
4	R N D O N E
5	F U S A R U
6	S I N C H E
7	U P O C

8	C A H H S
9	N N O E T
10	N I P K S R
11	U E N Z G I
12	P L F G E I
13	R S E T A U
14	N R O A S

>> ÜBERFLÜSSIGE ZIFFERN

Entfernen Sie zwei Ziffern auf der linken Seite, damit die Rechnung stimmt.

1	1 + 108 * 87 = 81
2	118 + 150 - 14 = 7
3	117 * 7 + 153 = 90
4	87 - 12 * 53 = -52
5	12 * 06 + 5 * 140 = 122
6	10 + 14 - 146 = 18

7	112 * 49 + 6 = 105
8	129 * 152 + 4 = 148
9	127 - 13 * 09 = -105
10	6 + 14 + 248 * 11 = 108
11	1 - 171 - 1 + 15 = -10
12	13 * 654 - 3 = 75

>> WORT-SYMBOLE

Hier ist jeweils ein Begriff mit Symbolen und Icons umschrieben. Können Sie die Worte erraten?

1	
2	
3	
4	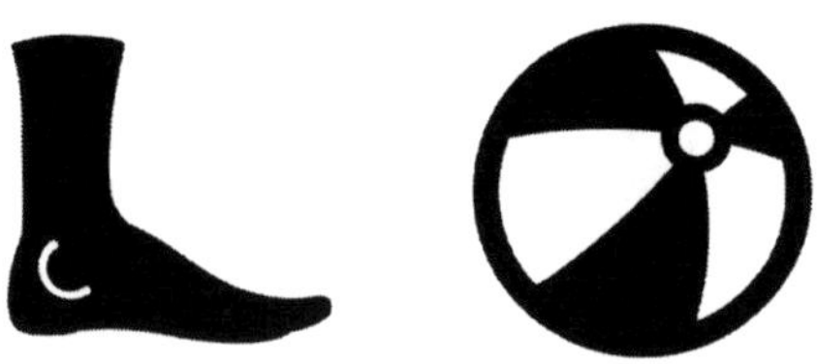

5	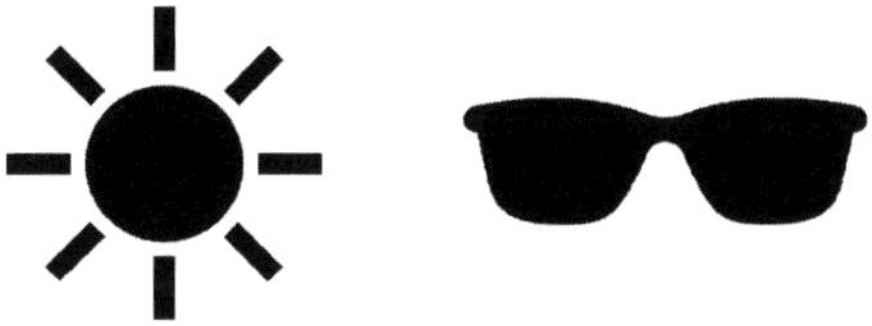
6	
7	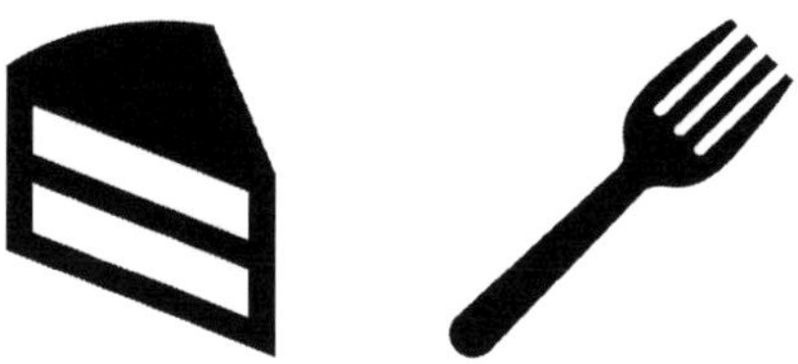
8	

9	
10	
11	
12	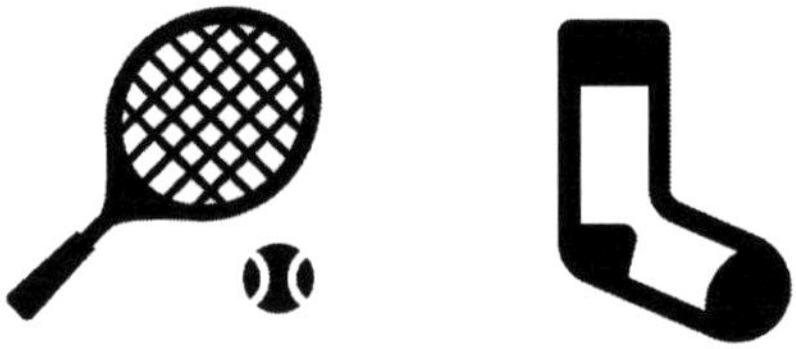

>> ZELLEN ENTFERNEN

Entfernen Sie Zellen aus der Tabelle, damit die Summe der Zellen neben der Zeile und unter der Spalte stimmt. Die Zahl in Klammern zeigt an, wie viele Zeilen in der Zeile und der Spalte übrigbleiben müssen.

1.

2	3	2	5	9 (3)
1	9	5	6	15 (2)
2	8	6	7	10 (2)
4	1	8	7	15 (2)
4 (2)	17 (2)	10 (2)	18 (3)	

2.

5	4	7	3	9 (2)
6	4	8	8	14 (2)
5	3	1	3	6 (2)
1	5	9	5	19 (3)
11 (2)	12 (3)	17 (2)	8 (2)	

3.

6	6	1	2	13 (3)
1	8	2	7	15 (2)
3	3	7	7	10 (2)
7	9	2	9	16 (2)
16 (3)	14 (2)	8 (2)	16 (2)	

4.

6	1	2	5	3 (2)
6	9	1	6	13 (3)
3	1	2	6	9 (2)
7	3	9	5	8 (2)
9 (2)	4 (2)	3 (2)	17 (3)	

5.

5	7	8	8	13 (2)
5	8	1	8	9 (2)
3	4	1	8	12 (2)
4	8	5	2	14 (3)
9 (2)	12 (2)	9 (2)	18 (3)	

6.

8	7	9	8	16 (2)
1	5	9	1	2 (2)
4	2	2	8	4 (2)
3	3	8	5	11 (3)
4 (2)	12 (3)	11 (2)	6 (2)	

7.

4	6	7	4	10 (2)
2	3	3	6	5 (2)
4	5	3	7	7 (2)
2	9	2	4	15 (3)
8 (3)	15 (2)	6 (2)	8 (2)	

8.

2	8	2	6	12 (3)
3	8	7	9	12 (2)
5	1	1	3	4 (2)
1	6	6	1	12 (2)
5 (2)	14 (2)	9 (3)	12 (2)	

9.

7	4	1	8	11 (2)
1	5	9	2	16 (3)
3	4	7	2	5 (2)
2	5	1	2	3 (2)
12 (3)	9 (2)	10 (2)	4 (2)	

10.

7	1	4	4	15 (3)
2	3	8	9	10 (2)
6	3	7	3	10 (2)
4	4	8	4	8 (2)
9 (2)	7 (2)	19 (3)	8 (2)	

>> RECHEN-HÜPFER

Starten Sie für jede Rechnung neu bei dem Fragezeichen (?). Welche Ziffern oder Operationen folgen, zeigt der Code: Das erste Zeichen (▷, △, ▽, ◁) bestimmt die Richtung und die Zahl sagt, wie viele Zellen Sie springen müssen. Es gilt die Punkt-Vor-Strich-Rechnung.

1	? * 4 1 5 4 + + 5 * 1 7 2 0 * **1. Rechnung:** ▷4, ◁3, ▷2, ◁1 **2. Rechnung:** ▷4, ▽1, ◁1 **3. Rechnung:** ▽1, ▷2, ▽1, ▷1
2	- ? 8 1 4 2 6 / 5 3 1 1 + * + **1. Rechnung:** ▷2, ◁3, ▷2 **2. Rechnung:** ▷3, ▽2, ◁4, ▷1 **3. Rechnung:** ▽2, ▷2, △1
3	? - * 3 8 1 + 5 * 1 7 + * 3 8 **1. Rechnung:** ▽2, ▷1, ▷2 **2. Rechnung:** ▷3, ▽1, ▷1 **3. Rechnung:** ▽1, ▷2, ◁1, ▷3, △1

4	? 9 7 1 1 1 + + 8 8 2 0 / 6 - *1. Rechnung:* ▷4, ◁3, ▽1, ◁1, ▷3 *2. Rechnung:* ▷2, ▽1, ◁2, ▷4 *3. Rechnung:* ▷3, ▷1, ▽2, ◁4, ▷1
5	8 9 + + / 1 3 * 7 6 ? * 5 1 5 *1. Rechnung:* ▷3, △1, ◁1, ▷2 *2. Rechnung:* △1, ▷1, ▽1, ▷3 *3. Rechnung:* △2, ▷3, ▽2, ◁1
6	1 4 4 0 + / ? 2 2 + 8 1 9 * 1 *1. Rechnung:* ▽1, ▷2, ▷1, ◁4 *2. Rechnung:* ▷2, △1, ▷1, ◁2 *3. Rechnung:* ▷2, △1, ▷1, ▽2, ◁2

7	0 * 1 ? 7 2 9 * 1 1 * 9 0 1 2 1. Rechnung: ▽1, ◁2, △1, ▽2 2. Rechnung: ▽2, ◁1, △1, ▷2, △1 3. Rechnung: ▽1, ◁3, ▽1, ▷3, ▷1
8	? 1 1 / 4 + 2 3 1 * 6 2 3 4 1 1. Rechnung: ▷2, ▽1, ◁2, ▷1 2. Rechnung: ▷1, ▽1, ▷3, ▽1, ◁2 3. Rechnung: ▷1, ▷3, ◁1, ▽1, ▽1
9	2 ? + 9 1 2 6 0 * 2 + 2 3 2 8 1. Rechnung: ◁1, ▽2, ▷1, ▷2 2. Rechnung: ▽1, ▷2, ◁3, △1 3. Rechnung: ◁1, ▷4, ◁2, ▽2, △1
10	2 1 + 1 0 0 ? 4 * 1 1 1 * 4 0 1. Rechnung: △1, ▷1, ◁1, ◁1 2. Rechnung: ▷3, ◁2, ▷1, ▷1, ▽1 3. Rechnung: ▽1, ◁1, ▷2, ◁2, ▷3

>> ZIEL-RECHNEN

Vorgegeben sind Zahlen und ein Zielwert. Finden Sie eine Rechnung, die mit den Vorgaben und den Operatoren +, -, *, Division (/) genau den Zielwert trifft. Klammern um Teilrechnungen sind erlaubt. Es gilt die Punkt-vor-Strich-Rechnung. Alle vorgegebenen Zahlen müssen genau einmal vorkommen. Bei den Operatoren können Sie frei wählen.

1	Erreichen Sie den Zielwert „82“ mit den Zahlen: 6, 12, 10.
2	Erreichen Sie den Zielwert „126“ mit den Zahlen: 3, 9, 11.
3	Erreichen Sie den Zielwert „64“ mit den Zahlen: 11, 6, 2.
4	Erreichen Sie den Zielwert „903“ mit den Zahlen: 11, 14, 9.
5	Erreichen Sie den Zielwert „8“ mit den Zahlen: 16, 16, 14.
6	Erreichen Sie den Zielwert „726“ mit den Zahlen: 17, 9, 7.
7	Erreichen Sie den Zielwert „272“ mit den Zahlen: 18, 16, 1.
8	Erreichen Sie den Zielwert „143“ mit den Zahlen: 11, 2, 15.
9	Erreichen Sie den Zielwert „12“ mit den Zahlen: 12, 7, 8.
10	Erreichen Sie den Zielwert „54“ mit den Zahlen: 7, 2, 20.
11	Erreichen Sie den Zielwert „151“ mit den Zahlen: 15, 11, 14.
12	Erreichen Sie den Zielwert „3“ mit den Zahlen: 19, 12, 18.

>> BUCHSTABEN-HÜPFER

Welche Wörter verstecken sich jeweils in der Matrix?

1	G S O ? N E E N T A M R R D A 1. Wort: ◁2, ▷1, ▷2, ◁4 2. Wort: ▽1, ◁2, ▽1, ◁1 3. Wort: ◁2, ▽1, ◁1, ▷2
2	? A N B D E L E A S R E R N I 1. Wort: ▽2, ▷1, ▷3, △1, ◁2 2. Wort: ▷3, ◁2, ▷1, ▷2 3. Wort: ▽1, ▷1, ▷2, ▽1
3	B O X B B Y X O ? D N J E G A 1. Wort: ◁1, ◁1, ◁1, ▷4 2. Wort: △1, ◁2, ▷1, ▽2, ◁2 3. Wort: ▽1, ▷1, ◁1

4	Z G E S H R ? E I O K R M I D L T A 1. Wort: ▽1, ▷5, ◁1, △2, ◁2 2. Wort: ▷4, ▷1, ◁3, ◁1, △1 3. Wort: ▷3, ▽1, ◁1, ◁1, △1
5	O P R D G A T T E Q E C R ? D N E K 1. Wort: △2, ▷4, ◁1, ▽2, ◁1 2. Wort: ▷1, △2, ▽1, ▷3, ▽1 3. Wort: ◁1, △2, ▽1, ▷1, ▷3
6	P K O L C E A E G L T P B O L H K ? 1. Wort: ◁1, ◁3, ▷2, △1, ◁2 2. Wort: ◁5, ▷2, △2, ▷2, ◁3 3. Wort: △1, ◁5, △1, ▷5, ◁2

7	T K S T N O V D G A U R E Q G R P ? 1. Wort: ◁1, △1, △1, ◁3, ▷2 2. Wort: ◁3, ▷1, △1, ◁2 3. Wort: △1, △1, ◁3, ◁2, ▽2
8	S S H S U E A H C S U A O ? D N C B 1. Wort: ▷4, ◁5, △2, ▷1, ▷4 2. Wort: △1, ◁1, ▷3, △1 3. Wort: ▷4, △1, ◁1, ◁2, △1
9	K N N G O U S H E U ? F T O I E S J 1. Wort: ▽1, ◁3, △2, ▷2 2. Wort: ◁3, ▷2, ▷2, ◁3 3. Wort: ▽1, ◁4, ▷3, ◁1, △2

10	A T Z S R R L U E ? N R S T A T E M 1. Wort: △1, ◁2, ◁1, ▷5, ◁4 2. Wort: ▷1, ◁3, △1, ▷1, ▽1, ▷3 3. Wort: ▽1, ◁1, ◁2, ▷1, ▷3, △2
11	K N T ? N I S P E U E P E S M M Z A 1. Wort: ▷2, ◁4, ▽2, ◁1, △2, ▷2 2. Wort: ▽2, △1, ◁3, ▷2, ▷2, △1 3. Wort: ▽2, ▷2, △1, ◁4, ▷1
12	E N S R I B F R A ? S B T I S E A K 1. Wort: ▽1, △2, ▷2, ◁5, ▷1 2. Wort: ◁3, ▷2, ▷3, ◁4, ▽1, ▷4 3. Wort: ◁1, △1, ▷2, ▽2, ◁4, ▷3

>> ÜBERFLÜSSIGE BUCHSTABEN

Bei diesen Aufgaben haben sich überflüssige Buchstaben in die Worte geschlichen. Streichen Sie diese, um das gesuchte Wort zu erkennen. In den Klammern finden Sie die Anzahl der überflüssigen Buchstaben.

1	RPFLAGEN (2)	8	DEHEFURAU (2)
2	KOKREDEN (3)	9	ACGHFTEL (2)
3	KIEFGEKR (2)	10	DAGMENZIUR (3)
4	FLIEYDPER (2)	11	GLEIGIEKN (2)
5	JREGHELN (2)	12	TAIMZVE (2)
6	AMGISCWEG (2)	13	PCRECISE (2)
7	KRGEISXEL (2)	14	TIOEREE (2)

>> SCHLANGEN-WORT

Durch die Waben in der Aufgabe schlängelt sich ein Wort. Von einer Wabe darf die Schlange nur durch angrenzende Waben laufen und jede Wabe kommt nur einmal vor. Leider ist nicht ersichtlich, wo das Wort beginnt und endet.

1.

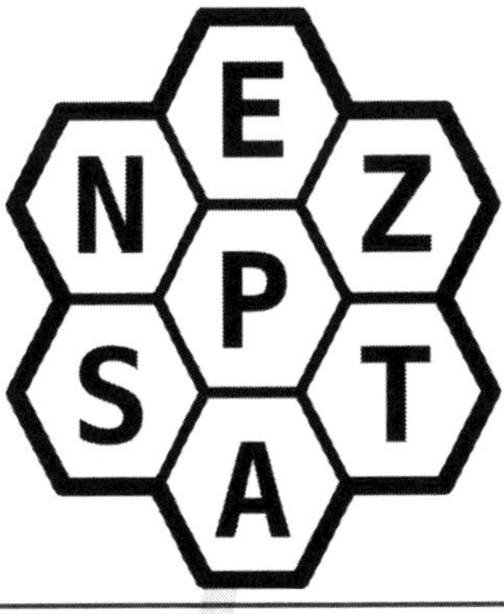

2.

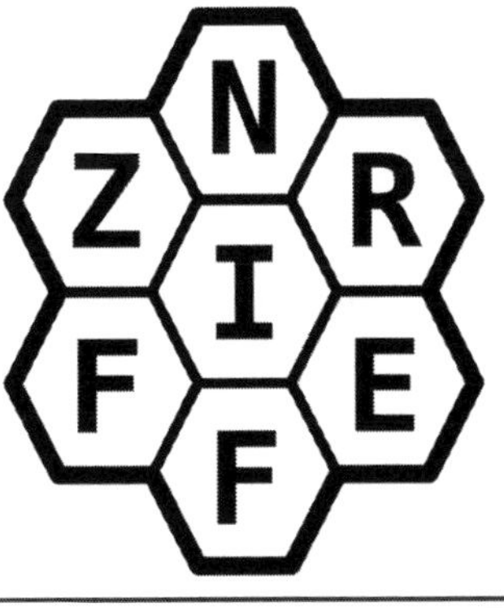

3.

4.

5.

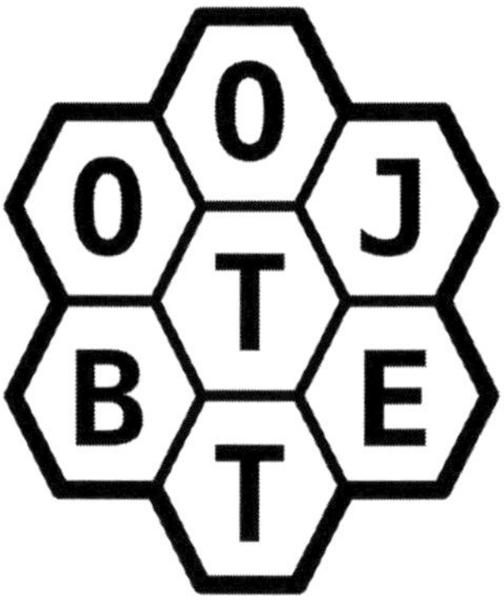

6.

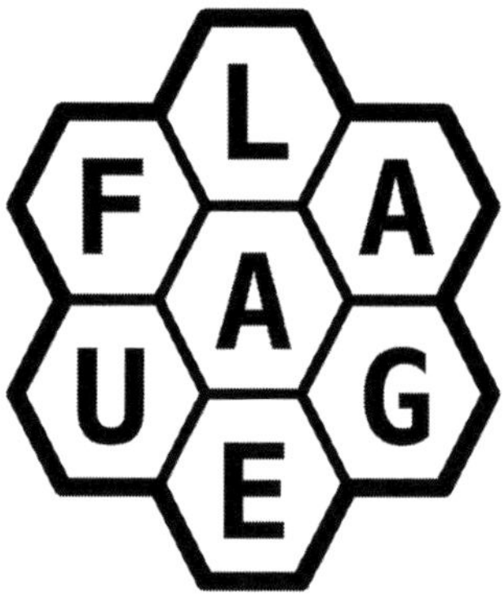

7.

8.

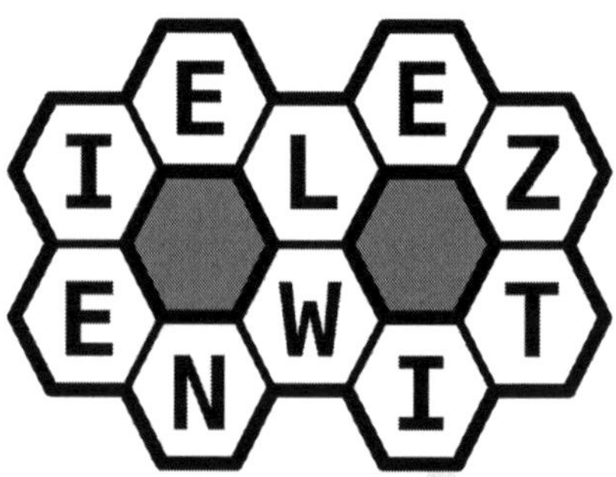

9.

10.

11.

12.

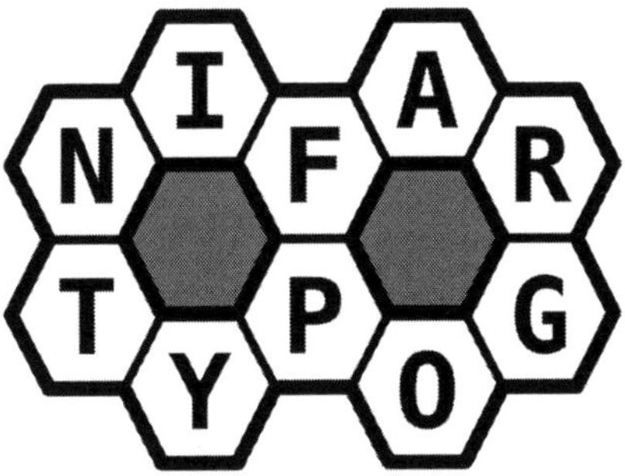

>> FEHLENDE OPERATOREN

In der Rechnung fehlen alle Operatoren. Setzen Sie die korrekten Operatoren +, -, * oder / ein, damit sich das richtige Resultat ergibt. Es gilt die Punkt-vor-Strich-Rechnung.

1	4 __ 18 __ 1 = 73
2	18 __ (7 __ 2) = 4
3	4 __ (16 __ 8) = 12
4	(8 __ 5) __ 17 = 51
5	8 __ 3 __ 4 __ 10 = 18
6	1 __ (9 __ 6) __ 4 = -11
7	(8 __ 1) __ 5 __ 3 = 48

8	(2 __ 6 __ 4) __ 2 = -16
9	1 __ 10 __ 6 __ 3 = 5
10	18 __ 24 __ 4 = 12
11	1 __ 20 __ 4 = -4
12	3 __ 13 __ 4 __ 5 = 15
13	(10 __ 2 __ (2 __ 6)) = 32
14	(8 __ 4 __ 7) __ 3 = 17

>> SCHLANGEN-RECHNEN

Durch die Waben in der Aufgabe schlängelt sich eine Rechnung. Von einer Wabe darf die Schlange nur zu angrenzenden Waben weiterlaufen. Jede Wabe muss genau einmal besucht werden. Leider ist nicht ersichtlich, wo die Rechnung beginnt, endet und welchen Weg sie nimmt. Das Ergebnis der Rechnung ist vorgegeben. Es gilt die Punkt-vor-Strich-Rechnung.

1. Erreichen Sie das Ergebnis: -6

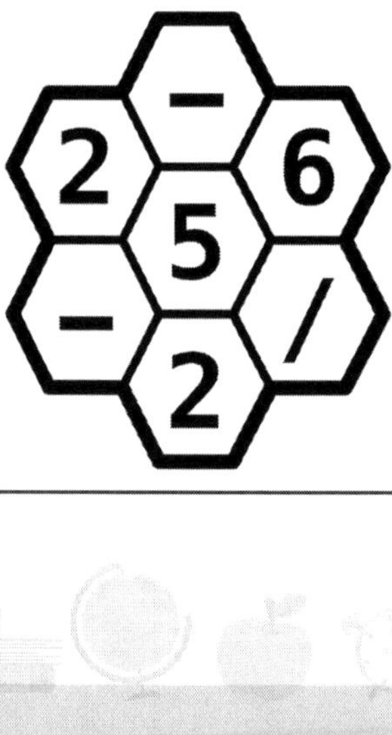

2. Erreichen Sie das Ergebnis: -32

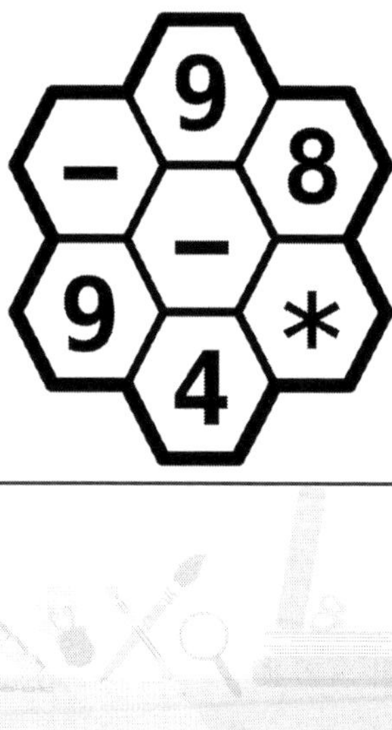

3. Erreichen Sie das Ergebnis: -7

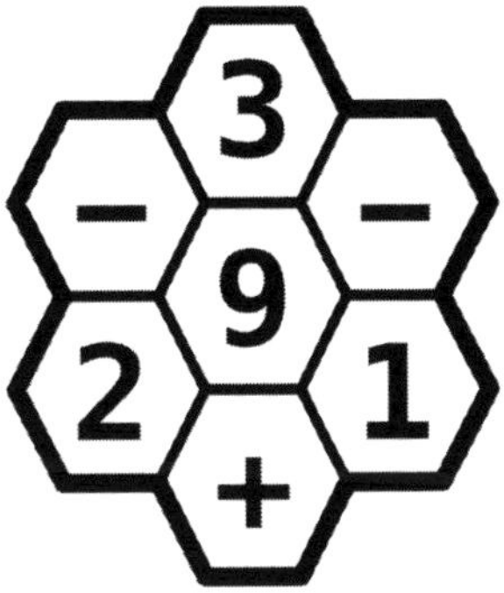

4. Erreichen Sie das Ergebnis: 4

5. Erreichen Sie das Ergebnis: 38

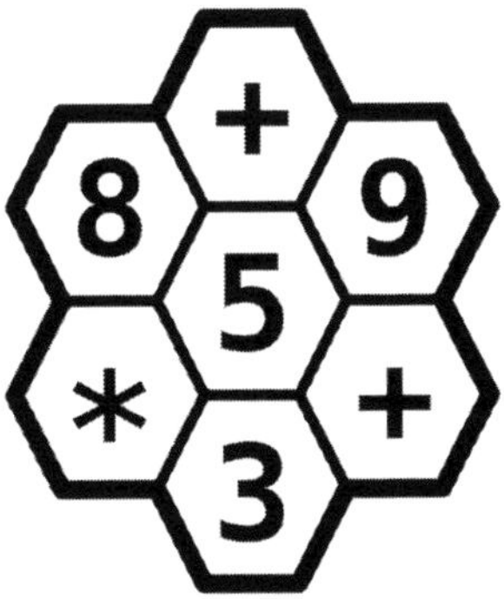

6. Erreichen Sie das Ergebnis: 75

7. Erreichen Sie das Ergebnis: 19

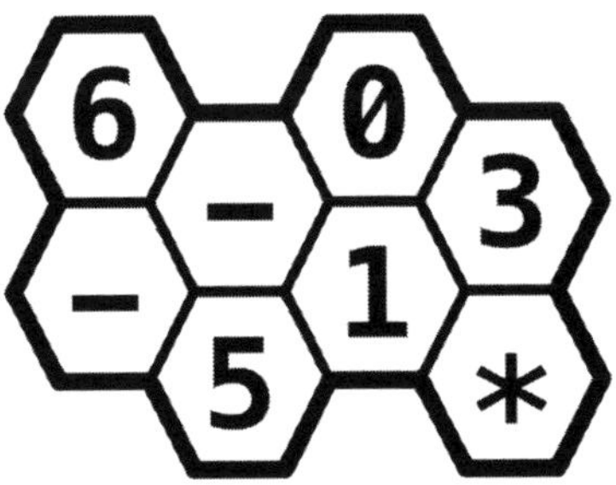

8. Erreichen Sie das Ergebnis: 2

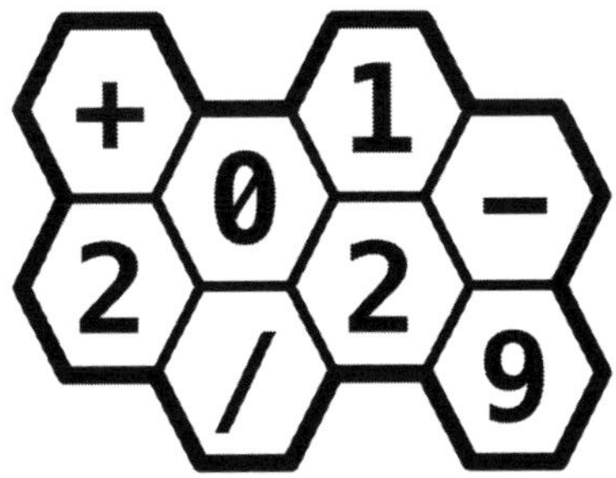

9. Erreichen Sie das Ergebnis: 6

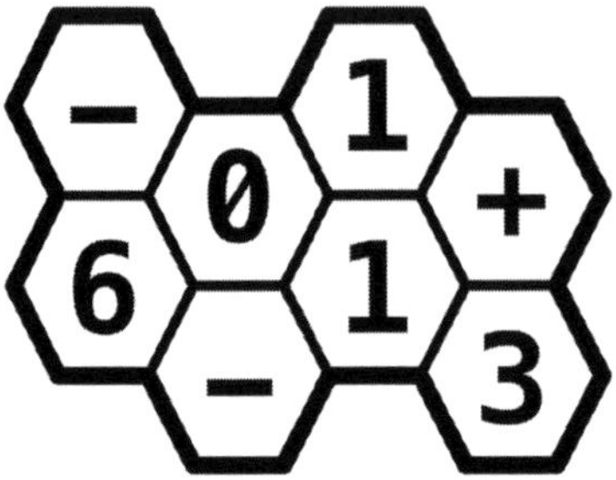

10. Erreichen Sie das Ergebnis: -20

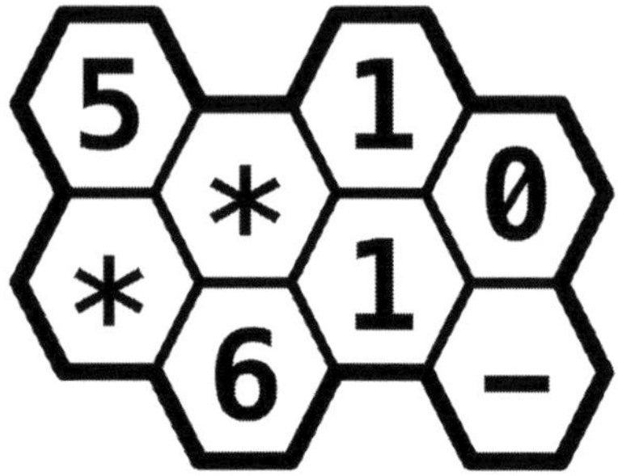

>> STÄBCHEN UMLEGEN (WORTE)

Legen Sie in jedem Buchstaben ein Stäbchen um, damit sich ein Wort der deutschen Sprache ergibt.

1	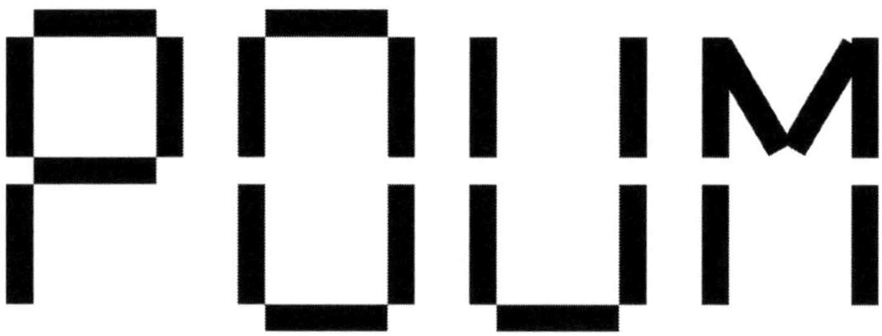
2	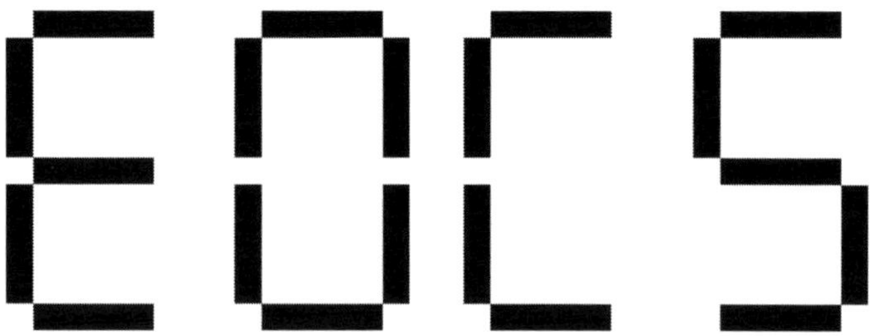

3	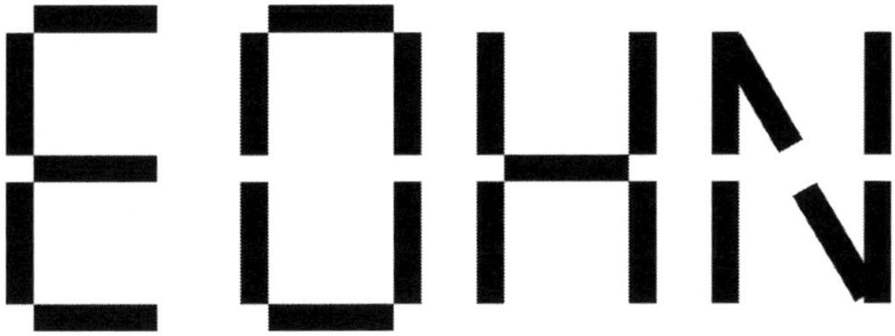
4	
5	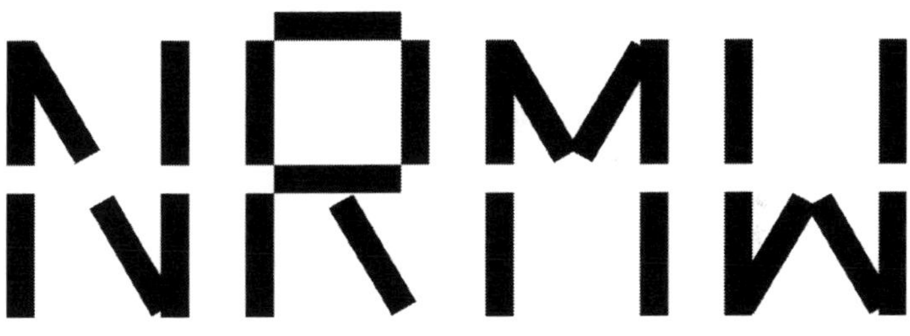
6	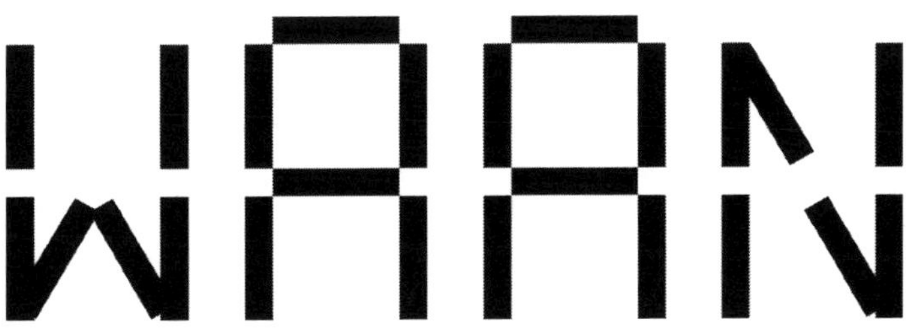

7	MOES
8	NGAP
9	UPPA
10	ASHP

11	
12	

>> BUCHSTABEN-VERWANDLUNG

Beginnen Sie mit den vorgegebenen Buchstaben. Wenn Sie alle Schritte im Kopf korrekt durchführen, finden Sie das gesuchte Ergebniswort.

1	Starten Sie mit: „P“ • Buchstabe „G" für „P" einsetzen • Buchstabe „E“ hinten anfügen • Buchstaben „EN“ vorne anfügen Welches Wort ist das Ergebnis?
2	Starten Sie mit: „H“ • Buchstabe „A" für „H" einsetzen • Buchstaben „PO“ hinten anfügen • Reihenfolge der Zeichen umdrehen Welches Wort ist das Ergebnis?
3	Starten Sie mit: „N“ • Buchstaben „SE“ vorne anfügen • Reihenfolge der Zeichen umdrehen • Buchstabe „T“ hinten anfügen Welches Wort ist das Ergebnis?

4	Starten Sie mit: „A“ • Buchstabe „R“ vorne anfügen • Reihenfolge der Zeichen umdrehen • Buchstaben „HA“ vorne anfügen Welches Wort ist das Ergebnis?
5	Starten Sie mit: „E“ • Buchstabe „B“ vorne anfügen • Buchstabe „I“ hinten anfügen • Buchstabe „L“ hinten anfügen Welches Wort ist das Ergebnis?
6	Starten Sie mit: „H“ • Buchstabe „N" für „H" einsetzen • Buchstabe „H“ vorne anfügen • Buchstaben „HO“ vorne anfügen Welches Wort ist das Ergebnis?
7	Starten Sie mit: „O“ • Buchstabe „U" für „O" einsetzen • Buchstabe „B“ hinten anfügen • Buchstabe P vorne anfügen Welches Wort ist das Ergebnis?
8	Starten Sie mit: „A“ • Buchstabe „B" für „A" einsetzen • Buchstabe „I“ vorne anfügen • Buchstaben „LE“ vorne anfügen Welches Wort ist das Ergebnis?
9	Starten Sie mit: „Z“ • Buchstabe „W" für „Z" einsetzen • Buchstabe „A“ hinten anfügen • Buchstaben „BE“ hinten anfügen Welches Wort ist das Ergebnis?
10	Starten Sie mit: „E“ • Buchstabe „T" für „E" einsetzen • Buchstaben „UW“ hinten anfügen • Reihenfolge der Zeichen umdrehen Welches Wort ist das Ergebnis?
11	Starten Sie mit: „W“ • Buchstabe „T" für „W" einsetzen • Buchstaben „RA“ hinten anfügen • Reihenfolge der Zeichen umdrehen Welches Wort ist das Ergebnis?
12	Starten Sie mit: „KE“ • Buchstaben „E“ und „K“ tauschen die Plätze • Buchstaben „SI“ vorne anfügen • Erster und letzter Buchstabe tauschen die Plätze. Welches Wort ist das Ergebnis?

MITTELSCHWERE AUFGABEN

>>

>> ZAHLEN-VERWANDLUNG

Starten Sie mit der vorgegebenen Zahl und führen Sie im Kopf die Rechenschritte durch. Wie lautet das Ergebnis?

1	Merken Sie sich die Zahl „76“ • Ziffer „8“ am Ende anhängen • Reihenfolge der Ziffern umdrehen Wie lautet das Ergebnis?
2	Merken Sie sich die Zahl „61“ • Ziffer „3“ vorne anfügen • Multiplizieren mit „2“ Wie lautet das Ergebnis?
3	Merken Sie sich die Zahl „452“ • Erste Ziffer entfernen • Alle ungeraden Ziffern entfernen • Ziffer „6“ vorne anfügen Wie lautet das Ergebnis?
4	Merken Sie sich die Zahl „112“ • Alle ungeraden Ziffern entfernen • Ziffer „2“ vorne anfügen • Multiplizieren mit „5“ Wie lautet das Ergebnis?
5	Merken Sie sich die Zahl „495“ • Quersumme bilden • Letzte Ziffer entfernen • Ziffer „4“ am Ende anhängen Wie lautet das Ergebnis?
6	Merken Sie sich die Zahl „493“ • Subtrahieren der Zahl „4“ • Alle geraden Ziffern entfernen • Ziffer „3“ am Ende anhängen Wie lautet das Ergebnis?
7	Merken Sie sich die Zahl „18“ • Addieren der Zahl „5“ • Reihenfolge der Ziffern umdrehen • Ziffer „8“ am Ende anhängen Wie lautet das Ergebnis?

8	Merken Sie sich die Zahl „323“ • Addieren der Zahl „6“ • Kleinste Ziffer entfernen • Erste Ziffer entfernen Wie lautet das Ergebnis?
9	Merken Sie sich die Zahl „203“ • Reihenfolge der Ziffern umdrehen • Quersumme bilden • Ziffer „3“ am Ende anhängen Wie lautet das Ergebnis?
10	Merken Sie sich die Zahl „156“ • Multiplizieren mit „5“ • Alle ungeraden Ziffern entfernen • Ziffer „3“ vorne anfügen Wie lautet das Ergebnis?
11	Merken Sie sich die Zahl „264“ • Reihenfolge der Ziffern umdrehen • Kleinste Ziffer entfernen • Quersumme bilden Wie lautet das Ergebnis?
12	Merken Sie sich die Zahl „214“ • Subtrahieren der Zahl „8“ • Größte Ziffern entfernen • Ziffer „5“ am Ende anhängen Wie lautet das Ergebnis?
13	Merken Sie sich die Zahl „338“ • Quersumme bilden • Ziffer „9“ vorne anfügen • Alle geraden Ziffern entfernen Wie lautet das Ergebnis?
14	Merken Sie sich die Zahl „141“ • Quersumme bilden • Ziffer „9“ vorne anfügen • Letzte Ziffer entfernen Wie lautet das Ergebnis?

>> BUCHSTABEN-HÜPFER

Welche Wörter verstecken Sich jeweils in der Matrix?

1	? T R I N E P G D N L N A D R M P S P F 1. Wort: ▷2, ▽2, ▷1 2. Wort: ▽2, △1, ▷2, ◁2, ▷4 3. Wort: ▷1, ▷2, ▽3, ◁2
2	H L O ? E Y J R F S P E E M W B M B D K 1. Wort: ◁3, ▷4, ◁3, ▽3 2. Wort: ▽2, ◁2, ▷1, △1 3. Wort: ▷1, ▽1, △1, ◁3
3	? K M Y I H A N T U Q Q Q A L H L G J C 1. Wort: ▽1, ▷4, ◁1 2. Wort: ▷1, ▽3, △2, ▷1, ▽2 3. Wort: ▷2, ▷2, ▽2, ▽1, ◁4

4	? M O D D I K D S I A Z N E G L U Z G O 1. Wort: ▷4, ◁2, ◁1 2. Wort: ▽2, ▷2, ▽1, ◁1, ▷2 3. Wort: ▽3, ▷4, △1, △1, ◁3
5	? F T S J P O S L S B E O G T T K P A Q 1. Wort: ▷1, ▽1, ▷2, ▽1, ◁2 2. Wort: ▽3, ▷3, ◁1, △2 3. Wort: ▽2, ▷2, △1, ▷2
6	F Y S A T Y R ? U S P H A M R G W J R S 1. Wort: ▽2, △1, ◁1, ▷3 2. Wort: △1, ▷2, ◁1, ▽3, ▷1 3. Wort: ▷2, ◁1, ▽1, ◁3, △2

7	? O S U N L D O E E M S H C H F N N A D 1. Wort: ▽1, ▷2, ▽1, ▽1 2. Wort: ▷2, ◁1, ▽3, △2, ▷2 3. Wort: ▽3, ▷3, ▷1, △2, △1
8	? V Z T I E Q B L H R C D B B A K N E T 1. Wort: ▷3, ▷1, ◁1, ▽3, △2 2. Wort: ▽2, △1, ▷4, ◁4 3. Wort: ▽3, ▷1, ▷3, ◁1, ◁1
9	? K O E H R R E E U K U I D S E S E E R 1. Wort: ▽2, △1, ▷2, ▽1, ▷2 2. Wort: ▷1, ▽2, △1, ▽2, ▷1 3. Wort: ▷4, ◁1, ▽3, ▷1, ◁4

10	? O O W L M N O D E T B B A I E R R V Q **1. Wort:** ▷1, ▽3, △1, ▷3, ◁4 **2. Wort:** ▷3, ▽2, △1, ▷1, ◁3 **3. Wort:** ▽1, ▷2, △1, ▽3, ◁2

>> WORT-SALAT

In jeder Aufgabe sind die Buchstaben von zwei Wörtern ineinander geraten. Die Buchstaben stehen in der korrekten Reihenfolge, jedoch ist nicht ersichtlich, zu welchem Wort ein Buchstabe jeweils gehört.

1	FAWERHRTT
2	EBLNETCEH
3	HBEELRDEAG
4	LBERCUKCH
5	ABMERGMEEN
6	MOWOSNENE
7	PEWGAHELL

8	TABUEOXER
9	WTERGANEK
10	ELMAAILUB
11	AEGERNTPEL
12	KUENFIULEG
13	MEOORNTEE
14	AKNOZURGD

>> RECHNEN MIT SYMBOLEN

Merken Sie sich die Zuordnung von Ziffern zu Symbolen und lösen Sie die folgenden Aufgaben. Es gilt die Punkt-vor-Strich-Rechnung.

1

Merken:
1 = ☷, 2 = □, 3 = ♔, 4 = ⊙, 5 = ♧,
6 = ✓, 7 = □

Rechnen:
☷ * ☷ - □ = ?
□ * ☷ + ✓ = ?
☷ * ✓ * □ = ?
□ + ✓ - □ = ?
□ - ⊙ + ♔ = ?
♧ - □ - □ = ?

2

Merken:
1 = □, 2 = ☷, 3 = ✓, 4 = ✂, 5 = □,
6 = ♔, 7 = ◈

Rechnen:
✓ + □ + ✓ = ?
☷ - ✂ + ✂ = ?
✂ * □ - ☷ = ?
◈ + ✂ * ♔ = ?
✓ - ♔ + ☷ = ?
♔ - ♔ * □ = ?

3

Merken:
1 = ◈, 2 = ✓, 3 = ✂, 4 = ♔, 5 = ⊙, 6
= ♞, 7 = ☷, 8 = ♧

Rechnen:
☷ * ♧ * ✓ = ?
☷ * ✂ + ✂ = ?
☷ - ♞ - ♧ = ?
◈ * ♧ + ♞ = ?
✂ * ♞ - ◈ = ?
♞ + ✓ * ⊙ = ?

4

Merken:
1 = ♔, 2 = ♧, 3 = ♞, 4 = ⊙, 5 = ✂,
6 = □, 7 = ☷, 8 = ◈

Rechnen:
□ - ◈ * ♧ = ?
□ - ⊙ - ✂ = ?
◈ * □ - ⊙ = ?
♔ * ☷ - ⊙ = ?
♞ * □ - ♧ = ?
⊙ + ♔ + ⊙ = ?

5

Merken:
1 = ♔, 2 = □, 3 = □, 4 = ✓, 5 = ◈, 6
= ✂, 7 = ☷, 8 = ♞, 9 = ⊙

Rechnen:
⊙ * □ + ♔ = ?
☷ + □ + ♔ = ?
✓ + ✂ - ◈ = ?
✓ + ✓ + ⊙ = ?
♔ - ☷ * ♞ = ?
✓ * ♞ - ✂ = ?

6

Merken:
1 = □, 2 = ♧, 3 = □, 4 = ☷, 5 = ✓,
6 = ♞, 7 = ⊙, 8 = ✂, 9 = ◈

Rechnen:
☷ * ◈ * ✓ = ?
♞ - ✂ + ⊙ = ?
□ - ☷ - □ = ?
◈ * □ - ✓ = ?
◈ - ✓ * ♧ = ?
✓ - □ + □ = ?

>> WORT-PUZZLE

Hier wurde ein Wort in Teile zerschnitten. Können Sie die Stücke wieder korrekt zusammensetzen und das Wort lesen?

1	pe n te Ta ap
2	Sto r S tie offt
3	ffe ets Bu E s
4	ka D en rt
5	ar b nc lu F
6	Hy He br id
7	fu In on sic
8	nie er Pio P

>> WORT-WIRRWARR

In jeder Aufgabe sind die Buchstaben eines Wortes in ihrer Reihenfolge vertauscht. Alle aufgelisteten Buchstaben kommen im gesuchten Wort vor. Es könnte mehr als eine Lösung geben. Können Sie das folgende Wort korrekt erkennen?

1	ZJPSEJ
2	HHEWNZA
3	GALOAKT
4	POJKT
5	HAMLREHZ
6	ZUMGATE
7	ENRJUGF

8	RHTCEUN
9	EMPOBL
10	PRNOGSEO
11	KRPTSJ
12	UESAGAS
13	MJEETRHJ
14	UAATVL

>> ÜBERFLÜSSIGE ZIFFERN

Entfernen Sie zwei Ziffern auf der linken Seite, damit die Rechnung stimmt.

1	514 + 2 - 192 = 4
2	11 * 119 + 4 = 103
3	86 + 15 + 128 = 33
4	7 - 1881 + 3 * 11 = 29
5	214 - 86 * 3 = -10
6	1 * 147 * 31 - 13 = 29

7	161 * 15 + 101 + 5 = 181
8	140 * 117 + 5 = 159
9	2 / 18 + 9 * 184 = 128
10	4 * 11 + 10 * 1995 = 194
11	163 + 15 * 31 + 9 = 37
12	6 + 14 + 248 * 11 = 108

>> WORT-SYMBOLE

Hier ist jeweils ein Begriff mit Symbolen und Icons umschrieben. Können Sie die Worte erraten?

1	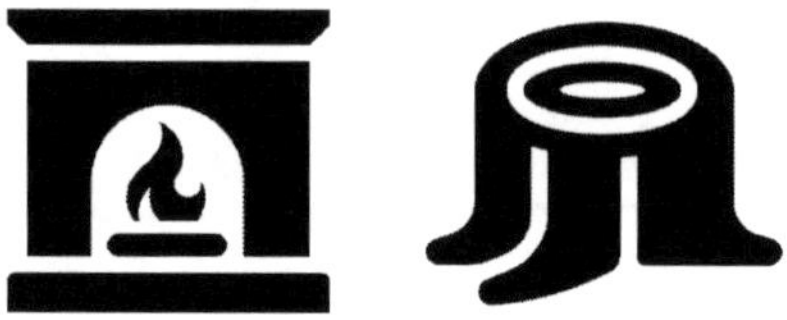
2	
3	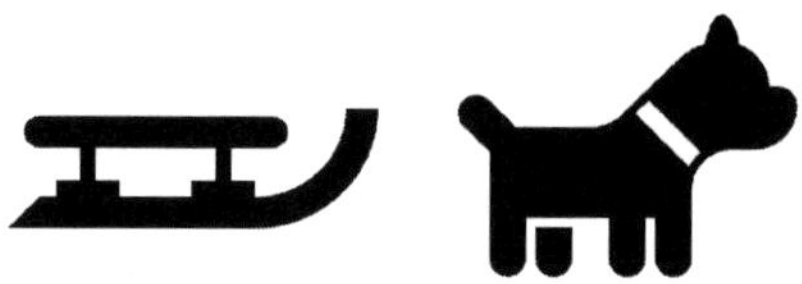
4	

5	
6	
7	
8	

9	
10	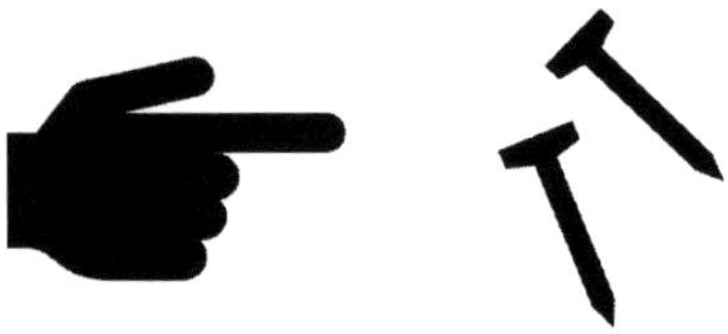
11	
12	

>> ZELLEN ENTFERNEN

Entfernen Sie Zellen aus der Tabelle, damit die Summe der Zellen neben der Zeile und unter der Spalte stimmt. Die Zahl in Klammern zeigt an, wie viele Zeilen in der Zeile und der Spalte übrigbleiben müssen.

1.

5	1	1	4	2	7 (3)
8	3	3	7	3	18 (3)
9	8	9	3	5	23 (3)
3	4	9	3	1	16 (3)
6	9	5	9	2	17 (3)
23 (3)	14 (3)	21 (3)	14 (3)	9 (3)	

2.

6	6	7	8	5	19 (3)
5	4	6	6	4	15 (3)
1	6	3	4	1	8 (3)
6	2	2	5	4	12 (3)
8	5	3	2	2	9 (3)
17 (3)	15 (3)	12 (3)	12 (3)	7 (3)	

3.

4	4	5	9	5	14 (3)
8	4	3	2	2	12 (3)
8	8	5	8	5	21 (3)
2	8	4	1	4	13 (3)
9	1	1	9	5	11 (3)
25 (3)	13 (3)	11 (3)	11 (3)	11 (3)	

4.

3	5	9	1	5	15 (3)
7	8	3	8	5	16 (3)
3	6	9	7	3	13 (3)
7	3	6	3	1	16 (3)
5	9	3	8	8	21 (3)
15 (3)	16 (3)	18 (3)	16 (3)	16 (3)	

5.

7	8	8	7	2	17 (3)
9	2	2	5	3	13 (3)
1	2	2	4	1	7 (3)
9	3	1	3	1	5 (3)
2	7	3	4	1	6 (3)
12 (3)	12 (3)	6 (3)	14 (3)	4 (3)	

6.

6	3	6	4	2	13 (3)
9	2	1	8	4	13 (3)
3	1	2	5	8	6 (3)
4	6	6	6	1	13 (3)
7	3	1	6	6	14 (3)
16 (3)	10 (3)	4 (3)	18 (3)	11 (3)	

7.

2	1	3	9	4	13 (3)
1	8	9	1	1	11 (3)
3	1	2	2	7	12 (3)
2	2	5	4	8	9 (3)
3	5	1	6	2	13 (3)
6 (3)	8 (3)	17 (3)	17 (3)	10 (3)	

8.

8	7	7	6	9	21 (3)
4	4	9	8	8	16 (3)
7	6	1	9	4	20 (3)
3	1	4	2	3	8 (3)
9	2	3	9	4	14 (3)
19 (3)	7 (3)	14 (3)	24 (3)	15 (3)	

9.

4	4	8	8	6	18 (3)
3	1	1	9	4	6 (3)
2	5	7	2	9	9 (3)
3	1	8	6	2	15 (3)
6	7	3	5	4	15 (3)
12 (3)	7 (3)	17 (3)	13 (3)	14 (3)	

10.

2	1	6	9	4	15 (3)
8	2	6	7	2	15 (3)
8	7	2	4	3	13 (3)
2	8	7	8	9	23 (3)
6	3	7	1	4	13 (3)
16 (3)	13 (3)	15 (3)	24 (3)	11 (3)	

>> RECHEN-HÜPFER

Starten Sie für jede Rechnung neu bei dem Fragezeichen (?). Welche Ziffern oder Operationen folgen, zeigt der Code: Das erste Zeichen (▷, △, ▽, ◁) bestimmt die Richtung und die Zahl sagt, wie viele Zellen Sie springen müssen. Es gilt die die Punkt-Vor-Strich-Rechnung.

1	? 7 4 * 2 1 9 + 7 - / 8 3 1 2 3 - + 1. Rechnung: ▷4, ◁2, ▷1, ◁2 2. Rechnung: ▷5, ▽1, ▽1, ◁3, ▷1 3. Rechnung: ▽2, ▷4, △2, ◁2
2	1 ? - 3 1 9 5 7 2 7 + 1 + 2 2 2 0 7 1. Rechnung: ▽2, ◁1, △2, ▷5 2. Rechnung: ▷2, ◁1, ▽1, ▷1 3. Rechnung: ▷3, ▽1, ▷1, ◁4
3	3 8 + 1 1 * 2 * 1 2 2 9 2 3 - 2 ? 1 1. Rechnung: △2, ◁4, ▷2, ▽1, ▷3 2. Rechnung: ◁1, ▷2, ◁3, ◁2, △1 3. Rechnung: △1, ◁1, ◁2, △1

4	4 1 6 + 5 + 3 ? 1 1 2 1 * 9 5 0 + 4 1. Rechnung: △1, ▷1, ▷1, ▷1, ▽2, △1 2. Rechnung: ▷1, ▷3, △1, ▽2 3. Rechnung: ▷1, ▽1, ◁2, △2
5	+ 1 9 - 0 4 + 2 4 1 3 9 2 ? 6 2 + * 1. Rechnung: △1, ◁1, ▷3, ▽1 2. Rechnung: ◁1, ▷3, △2, ◁2, ▷3 3. Rechnung: ▷2, ◁1, ▷3, △2, ◁5, ▷2
6	6 1 6 + 2 1 7 2 - 1 3 6 9 ? 1 2 - 4 1. Rechnung: △2, ▷1, ▽1, ◁1, ▷4 2. Rechnung: ▷1, ▷1, △2, ▽1, ◁3 3. Rechnung: ▷2, △2, ▷2, ◁1, ▽2, ◁4

7	* 2 1 8 1 8 1 1 6 ? 2 + 3 9 - 8 1 - 1. Rechnung: ▽1, ▷2, ◁1, ◁3, ▷1, △1 2. Rechnung: ▷1, ◁2, ▷3, ◁4 3. Rechnung: ◁2, △1, ◁1, ▽1, ▽1
8	4 2 9 1 3 2 1 8 6 + + 4 ? 3 - 1 6 0 1. Rechnung: △1, ▷2, ▷1, ▷2, ▽1 2. Rechnung: ▷3, ▷1, ◁2, ◁1, △2 3. Rechnung: △1, ▷1, ▷3, △1, ▷1
9	0 2 - 2 0 1 + 2 1 5 0 ? + 2 1 3 3 7 1. Rechnung: △1, ▽2, ◁5, ▷2, ▷2 2. Rechnung: △1, ◁1, ◁2, ◁1, ▽1 3. Rechnung: ◁3, ▷1, ◁3, ▷1, ▷3

10	0 * 3 3 3 + 6 2 0 - 8 / 2 1 3 8 3 - + ? 1 1. Rechnung: ◁3, ◁1, ▷3, △2, ◁2 2. Rechnung: ◁5, △2, ▷5, ◁2, ▽1 3. Rechnung: ▷1, △1, ◁4, △1, ▷4

>> ZIEL-RECHNEN

Vorgegeben sind Zahlen und ein Zielwert. Finden Sie eine Rechnung, die mit den Vorgaben und den Operatoren +, -, *, Division (/) genau den Zielwert trifft. Klammern um Teilrechnungen sind erlaubt. Es gilt die Punkt-vor-Strich-Rechnung. Alle vorgegebenen Zahlen müssen genau einmal vorkommen. Bei den Operatoren können Sie frei wählen.

1	Erreichen Sie den Zielwert „42“ mit den Zahlen: 1, 6, 26.
2	Erreichen Sie den Zielwert „200“ mit den Zahlen: 20, 25, 28.
3	Erreichen Sie den Zielwert „5“ mit den Zahlen: 19, 31, 10.
4	Erreichen Sie den Zielwert „424“ mit den Zahlen: 34, 16, 12.
5	Erreichen Sie den Zielwert „395“ mit den Zahlen: 36, 29, 6.
6	Erreichen Sie den Zielwert „349“ mit den Zahlen: 31, 19, 20.
7	Erreichen Sie den Zielwert „1“ mit den Zahlen: 14, 30, 2.
8	Erreichen Sie den Zielwert „128“ mit den Zahlen: 4, 4, 3, 6.
9	Erreichen Sie den Zielwert „225“ mit den Zahlen: 8, 2, 3, 2.
10	Erreichen Sie den Zielwert „355“ mit den Zahlen: 3, 5, 10, 9.
11	Erreichen Sie den Zielwert „369“ mit den Zahlen: 10, 5, 9, 1.
12	Erreichen Sie den Zielwert „65“ mit den Zahlen: 9, 9, 2, 2.

>> ÜBERFLÜSSIGE BUCHSTABEN

Bei diesen Aufgaben haben sich überflüssige Buchstaben in die Worte geschlichen. Streichen Sie diese, um das gesuchte Wort zu erkennen. In den Klammern finden Sie die Anzahl der überflüssigen Buchstaben.

1	ZBAUNDIGT (3)
2	UCMRWELTT (3)
3	ERADFIXO (3)
4	VDAWUNEAN (3)
5	PGBEHUALT (3)
6	RAHANLEN (3)
7	SCHLWEGRWT (3)

8	EMIDNHEEIT (3)
9	FEEDEKRYN (3)
10	TBLUTTFUNG (3)
11	TPARINZIIP (3)
12	MLARIKEDN (3)
13	REZGLIPON (3)
14	BEPSUTCUHE (3)

>> SCHLANGEN-WORT

Durch die Waben in der Aufgabe schlängelt sich ein Wort. Von einer Wabe darf die Schlange nur durch angrenzende Waben laufen und jede Wabe kommt nur einmal vor. Leider ist nicht klar, wo das Wort beginnt und endet.

1.

2.

3.

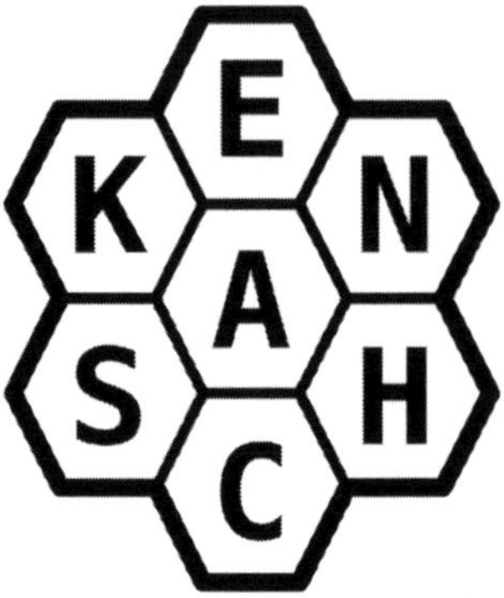

4.

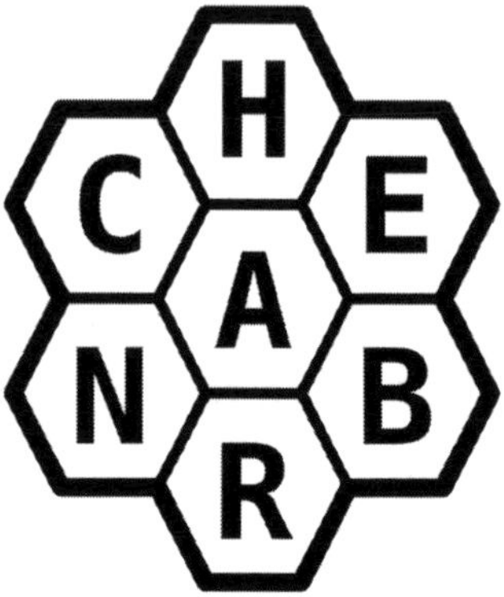

5.

6.

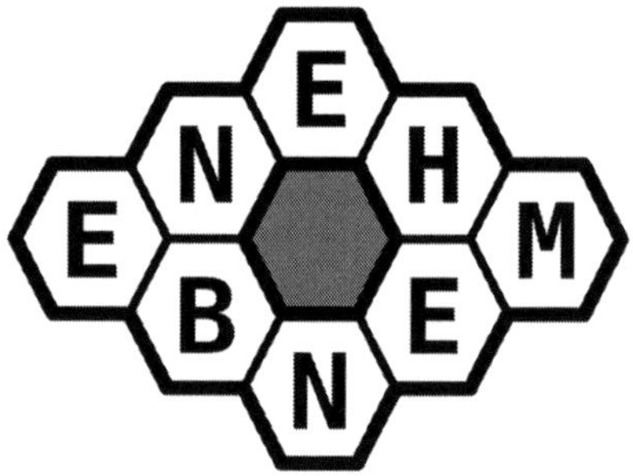

7.

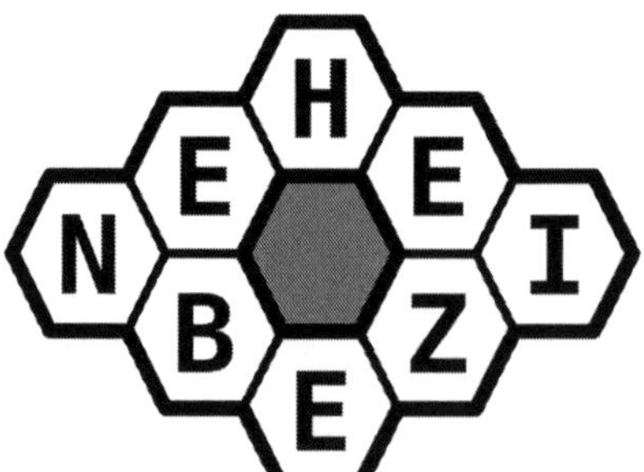

8.

9.

10.

11.

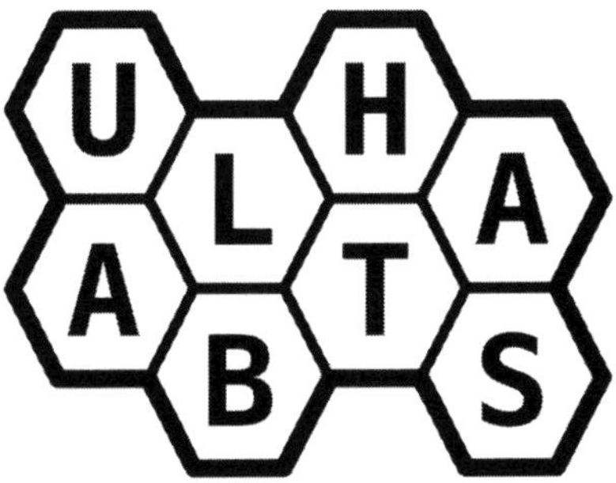

>> FEHLENDE OPERATOREN

In der Rechnung fehlen alle Operatoren. Setzen Sie die korrekten Operatoren +, -, * oder / ein, damit sich das richtige Resultat ergibt. Es gilt die Punkt-vor-Strich-Rechnung.

1	2 __ (19 __ (13 __ 17)) = 98
2	7 __ (8 __ 6 __ 4) = 42
3	15 __ 3 __ (1 __ 18) = 31
4	18 __ (12 __ 2) __ 10 = 170
5	(14 __ 11) __ 9 __ 6 = 28
6	14 __ 12 __ 6 __ 18 = 192
7	3 __ 11 __ 10 __ 20 = 214
8	(1 __ 19) __ 13 __ 16 = 23
9	7 __ 18 __ 14 __ 14 = -231
10	2 __ 8 __ 8 __ 17 = 146

11	10 __ (20 __ 6 __ 17) = 90
12	3 __ 9 __ 7 __ 5 = 62
13	(5 __ 7) __ 14 __ 2 = 10
14	2 __ 19 __ 16 __ 8 = 13
15	(1 __ 16) __ 10 __ 11 = 15
16	(13 __ 20 __ 2 __ 3) = -2
17	(8 __ 6) __ (5 __ 5) = 73
18	10 __ 10 __ 9 __ 4 = 37
19	19 __ ((3 __ 7) __ 3) = -5
20	(((11 __ 4) __ 5) __ 11) = 132

>> SCHLANGEN-RECHNEN

Durch die Waben in der Aufgabe schlängelt sich eine Rechnung. Von einer Wabe darf die Schlange nur zu angrenzenden Waben weiterlaufen. Jede Wabe muss genau einmal besucht werden. Leider ist nicht ersichtlich, wo die Rechnung beginnt, endet und welchen Weg sie nimmt. Das Ergebnis der Rechnung ist vorgegeben. Es gilt die Punkt-vor-Strich-Rechnung.

1. Erreichen Sie das Ergebnis: 19

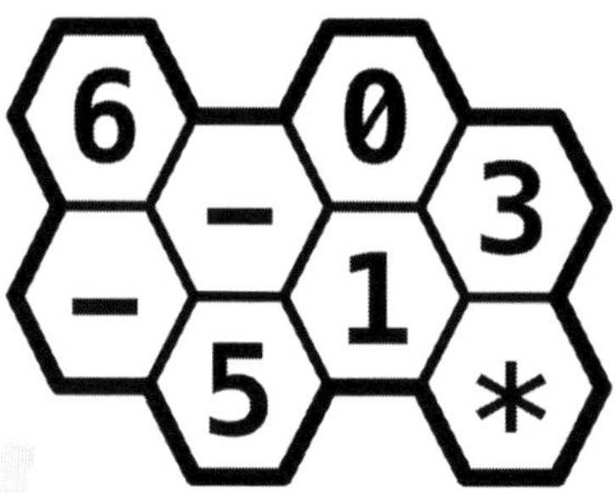

2. Erreichen Sie das Ergebnis: -21

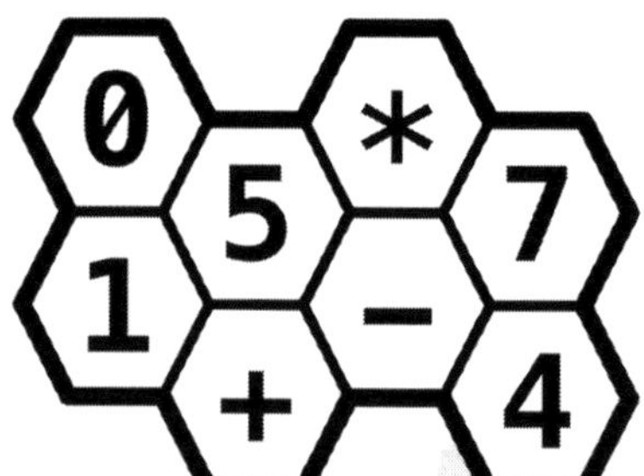

3. Erreichen Sie das Ergebnis: 10

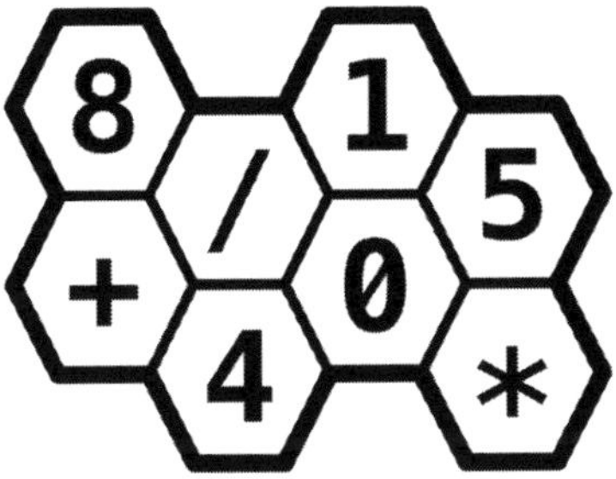

4. Erreichen Sie das Ergebnis: -16

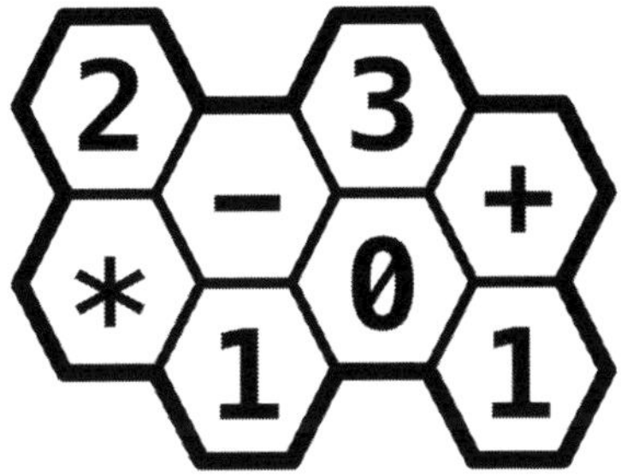

5. Erreichen Sie das Ergebnis: 24

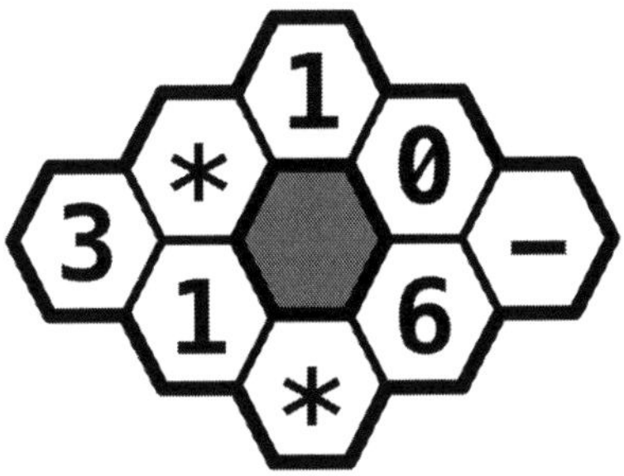

6. Erreichen Sie das Ergebnis: 12

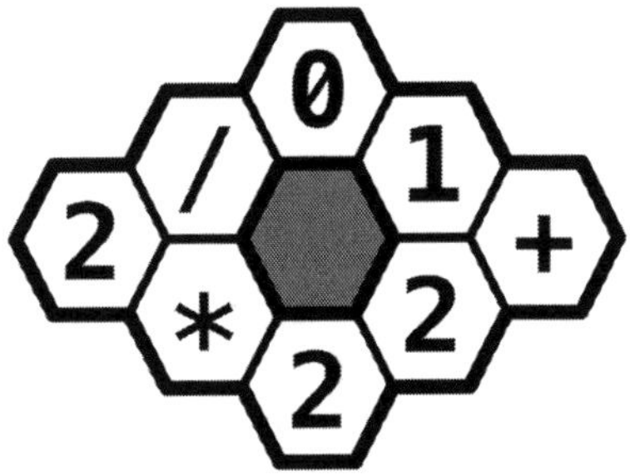

7. Erreichen Sie das Ergebnis: 82

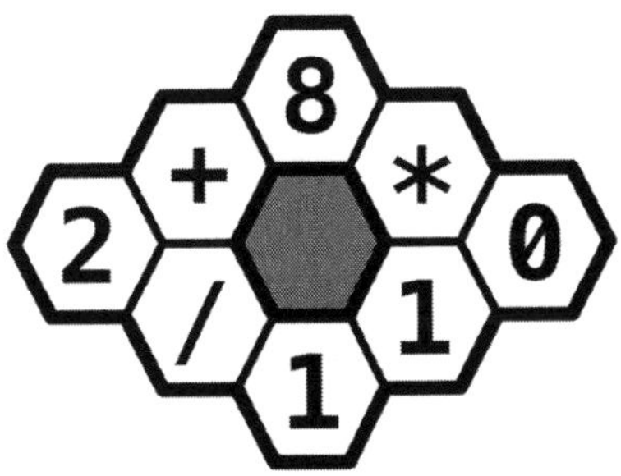

8. Erreichen Sie das Ergebnis: 8

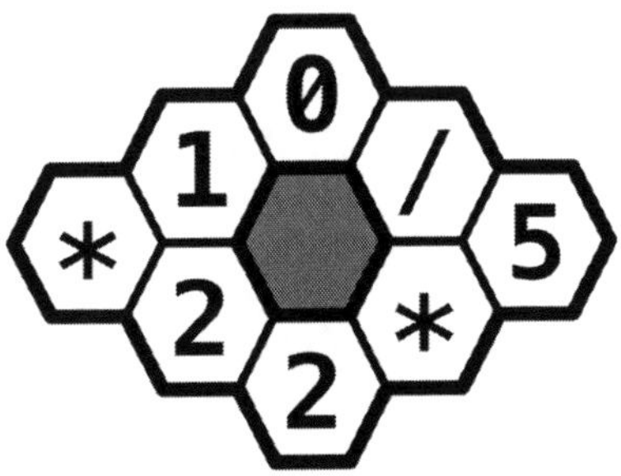

9. Erreichen Sie das Ergebnis: 38

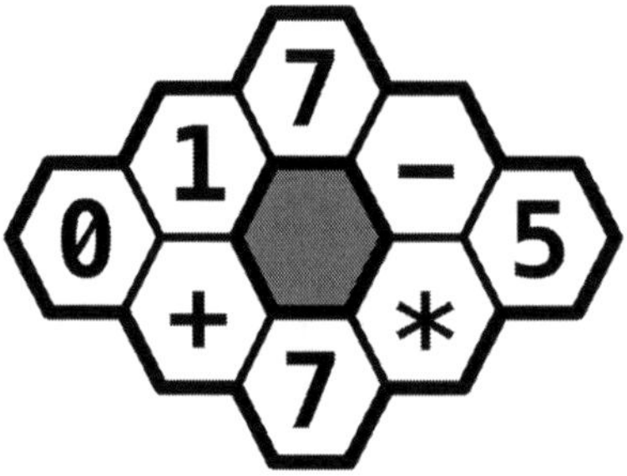

10. Erreichen Sie das Ergebnis: -12

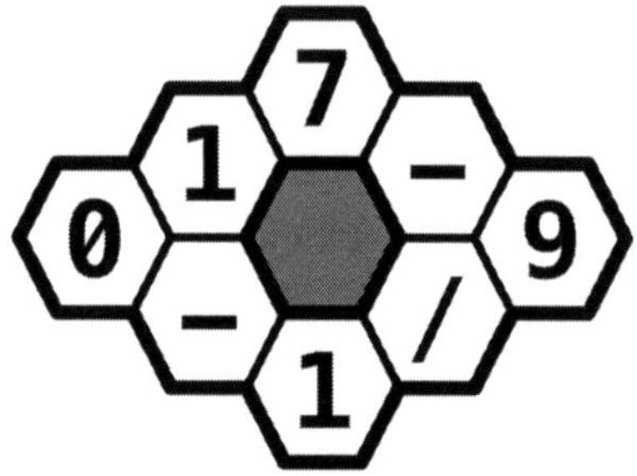

>> BUCHSTABEN-VERWANDLUNG

Beginnen Sie mit den vorgegebenen Buchstaben. Wenn Sie alle Schritte im Kopf korrekt durchführen, finden Sie das gesuchte Ergebniswort.

1	Starten Sie mit: „UM“ • Buchstaben „Q“ für „M" einsetzen • Erster und letzter Buchstabe tauschen die Plätze. • Buchstaben „IZ“ hinten anfügen Welches Wort ist das Ergebnis?
2	Starten Sie mit: „BH“ • Buchstaben „E“ für „H" einsetzen • Buchstaben „HM“ hinten anfügen • Buchstabe „L“ für „B" einsetzen Welches Wort ist das Ergebnis?
3	Starten Sie mit: „UAC“ • Buchstabe „I“ für „C" einsetzen • Buchstabe „M“ hinten anfügen • Reihenfolge der Zeichen umdrehen Welches Wort ist das Ergebnis?
4	Starten Sie mit: „SN“ • Buchstabe „K“ für „S" einsetzen • Erster und letzter Buchstabe tauschen die Plätze. • Buchstaben „PU“ vorne anfügen Welches Wort ist das Ergebnis?

5	Starten Sie mit: „AEU“ • Reihenfolge der Zeichen umdrehen • Buchstaben „U“ und „E“ tauschen die Plätze • Erster und letzter Buchstabe tauschen die Plätze. Welches Wort ist das Ergebnis?
6	Starten Sie mit: „B“ • Buchstabe „I“ für „B" einsetzen • Buchstabe „E“ hinten anfügen • Buchstaben „TG“ hinten anfügen • Buchstaben „I“ und „T“ tauschen die Plätze Welches Wort ist das Ergebnis?
7	Starten Sie mit: „B“ • Buchstabe „O“ für „B" einsetzen • Buchstabe „D“ für „O" einsetzen • Buchstabe „X“ für „D" einsetzen • Buchstaben „BO“ vorne anfügen Welches Wort ist das Ergebnis?
8	Starten Sie mit: „ER“ • Buchstaben „R“ und „E“ tauschen die Plätze • Buchstaben „IZ“ hinten anfügen • Buchstabe „T“ für „R" einsetzen • Erster und letzter Buchstabe tauschen die Plätze. Welches Wort ist das Ergebnis?
9	Starten Sie mit: „L“ • Buchstabe „S“ für „L" einsetzen • Buchstabe „I“ vorne anfügen • Buchstabe „T“ hinten anfügen • Buchstabe „M“ vorne anfügen Welches Wort ist das Ergebnis?
10	Starten Sie mit: „D“ • Buchstabe „T“ für „D" einsetzen • Buchstabe „L“ für „T" einsetzen • Buchstabe „A“ hinten anfügen • Buchstaben „ST“ hinten anfügen Welches Wort ist das Ergebnis?
11	Starten Sie mit: „YN“ • Reihenfolge der Zeichen umdrehen • Buchstabe „H“ für „Y" einsetzen • Buchstaben „DU“ vorne anfügen • Erster und letzter Buchstabe tauschen die Plätze. Welches Wort ist das Ergebnis?
12	Starten Sie mit: „IL“ • Erster und letzter Buchstabe tauschen die Plätze. • Buchstabe „Z“ hinten anfügen • Erster und letzter Buchstabe tauschen die Plätze. • Buchstabe „N“ für „Z" einsetzen Welches Wort ist das Ergebnis?

SCHWERE AUFGABEN

>>

>> ZAHLEN-VERWANDLUNG

Starten Sie mit der vorgegebenen Zahl und führen Sie im Kopf die Rechenschritte durch. Wie lautet das Ergebnis?

1	Merken Sie sich die Zahl „205“ • Alle ungeraden Ziffern entfernen • Ziffer „9“ vorne anfügen • Subtrahieren der Zahl „1“ Wie lautet das Ergebnis?
2	Merken Sie sich die Zahl „382“ • Alle ungeraden Ziffern entfernen • Multiplizieren mit „4“ • Reihenfolge der Ziffern umdrehen Wie lautet das Ergebnis?
3	Merken Sie sich die Zahl „96“ • Erste Ziffer entfernen • Ziffer „2“ vorne anfügen • Addieren der Zahl „3“ • Erste Ziffer entfernen Wie lautet das Ergebnis?
4	Merken Sie sich die Zahl „53“ • Reihenfolge der Ziffern umdrehen • Größte Ziffern entfernen • Addieren der Zahl „3“ • Ziffer „3“ vorne anfügen Wie lautet das Ergebnis?
5	Merken Sie sich die Zahl „96“ • Alle geraden Ziffern entfernen • Addieren der Zahl „4“ • Ziffer „1“ vorne anfügen • Größte Ziffern entfernen Wie lautet das Ergebnis?
6	Merken Sie sich die Zahl „87“ • Größte Ziffern entfernen • Addieren der Zahl „9“ • Alle geraden Ziffern entfernen • Ziffer 8 vorne anfügen Wie lautet das Ergebnis?
7	Merken Sie sich die Zahl „33“ • Erste Ziffer entfernen • Ziffer „2“ vorne anfügen • Subtrahieren der Zahl „5“ • Erste Ziffer entfernen Wie lautet das Ergebnis?
8	Merken Sie sich die Zahl „30“ • Alle geraden Ziffern entfernen • Multiplizieren mit „5“ • Letzte Ziffer entfernen • Ziffer „9“ vorne anfügen Wie lautet das Ergebnis?
9	Merken Sie sich die Zahl „96“ • Reihenfolge der Ziffern umdrehen • Kleinste Ziffer entfernen • Ziffer „1“ vorne anfügen • Größte Ziffern entfernen Wie lautet das Ergebnis?
10	Merken Sie sich die Zahl „166“ • Größte Ziffern entfernen • Ziffer „8“ vorne anfügen • Reihenfolge der Ziffern umdrehen • Ziffer „8“ am Ende anhängen Wie lautet das Ergebnis?

11	Merken Sie sich die Zahl „146“ • Größte Ziffern entfernen • Alle ungeraden Ziffern entfernen • Addieren der Zahl „9“ • Reihenfolge der Ziffern umdrehen Wie lautet das Ergebnis?
12	Merken Sie sich die Zahl „187“ • Addieren der Zahl „5“ • Größte Ziffern entfernen • Reihenfolge der Ziffern umdrehen • Letzte Ziffer entfernen Wie lautet das Ergebnis?

13	Merken Sie sich die Zahl „64“ • Reihenfolge der Ziffern umdrehen • Subtrahieren der Zahl „7“ • Letzte Ziffer entfernen • Ziffer 8 vorne anfügen Wie lautet das Ergebnis?
14	Merken Sie sich die Zahl „159“ • Reihenfolge der Ziffern umdrehen • Erste Ziffer entfernen • Quersumme bilden • Ziffer 5 am Ende anhängen Wie lautet das Ergebnis?

>> WORT-SALAT

Hier sind in jeder Aufgabe die Buchstaben von zwei Wörtern ineinander geraten. Die Buchstaben stehen in der korrekten Reihenfolge, jedoch ist nicht ersichtlich, zu welchem Wort ein Buchstabe jeweils gehört.

1	BBUORCHTEN
2	BPOINEZRE
3	HEMUEORDUL
4	LAAUMBPELN
5	TAKZTEDIKER
6	MOHEDUISDE
7	NZEUAGSEEN

8	LKNIATBEER
9	KLOPABNTENER
10	ZURUFPALILEN
11	RANURUFHEM
12	HGUPREINFFE
13	KREOLHLEEIRT
14	WKUESLITREE

>> RECHNEN MIT SYMBOLEN

Merken Sie sich die Zuordnung von Ziffern zu Symbolen und lösen die folgenden Aufgaben. Es gilt die Punkt-vor-Strich-Rechnung.

1

Merken:
1 = ✓, 2 = ♧, 3 = ♔, 4 = □, 5 = ⊙,
6 = ☷, 7 = □, 8 = ♞, 9 = ✂

Rechnen:
♔ * □ * ♧ = ?
♔ + □ - ✓ = ?
⊙ + ✓ * ☷ = ?
□ + ✂ + ♞ = ?
⊙ - □ * □ = ?
□ - ☷ * ✂ = ?

2

Merken:
0 = ✓, 1 = ◈, 2 = □, 3 = ♧, 4 = ✂,
5 = ☷, 6 = ♞, 7 = ♔, 8 = □, 9 = ⊙

Rechnen:
◈✂ + ◈◈ = ?
◈✓ * ◈□ = ?
♔ - ◈☷ + ◈ = ?
♔ - ◈✓ * ☷ = ?
♧ - ◈♧ + □ = ?
◈♧ + ◈ - □ = ?

3

Merken:
0 = ♔, 1 = ◈, 2 = ♞, 3 = □, 4 = ✓,
5 = ⊙, 6 = ♧, 7 = ☷, 8 = ✂, 9 = □

Rechnen:
◈◈ * ◈♔ = ?
◈♔ - ◈□ = ?
◈✓ * ◈♞ = ?
◈♔ * ♞ - □ = ?
◈♞ * ✂ * ◈ = ?
□ * ◈♞ - □ = ?

4

Merken:
0 = ☷, 1 = ♔, 2 = □, 3 = ♞, 4 = ✓,
5 = ⊙, 6 = □, 7 = ♧, 8 = ◈, 9 = ✂

Rechnen:
♔✓ - ♔□ = ?
♔♞ - ♔☷ = ?
⊙ + ♔ + □ = ?
✓ * □ * ♔ = ?
✂ * ♔♞ + ✓ = ?
♔☷ + ✓ * ◈ = ?

5

Merken:
0 = ♞, 1 = ⊙, 2 = ✓, 3 = ◈, 4 = ♧,
5 = □, 6 = ☷, 7 = □, 8 = ♔, 9 = ✂

Rechnen:
⊙♞ - ♧ - □ = ?
✂ + ⊙♧ * ✓ = ?
⊙⊙ * ◈ - ⊙◈ = ?
⊙✓ - ⊙□ - ◈ = ?
⊙□ - ⊙✓ * ✓ = ?
♔ - ◈ + ✂ * □ = ?

6

Merken:
0 = ⊙, 1 = ♔, 2 = ♞, 3 = □, 4 = ☷,
5 = ♧, 6 = ◈, 7 = ✓, 8 = ✂, 9 = □

Rechnen:
☷ * ♔⊙ + □ = ?
☷ * ♔♧ + ♧ = ?
✂ * ♔☷ - □ = ?
♔⊙ + ☷ + □ = ?
✓ + ♔☷ + ♧ = ?
♔♞ + ♔♧ * □ = ?

7	Merken: 0 = □, 1 = ⊙, 2 = ✓, 3 = ♧, 4 = □, 5 = ♞, 6 = ♔, 7 = ◈, 8 = ✂, 9 = ☷ Rechnen: ♧□ - ✓ - ☷ = ? ♧ * □ + ♧☷ = ? ✓□ - ♞ - ♧ = ? ♧□ + ⊙ + ♧✓ = ? ♧⊙ - ♔ - □ = ? ✓ - □♧ - ♧✂ = ?

8	Merken: 0 = ☷, 1 = ✓, 2 = □, 3 = ✂, 4 = ◈, 5 = ♞, 6 = ⊙, 7 = □, 8 = ♧, 9 = ♔ Rechnen: ◈□ + □ - ✂ = ? ✂ * ✂✓ - ♞☷ = ? ◈⊙ + ✓ + ✂♞ = ? ✂ - ✓♧ + ✂◈ = ? □♧ - ♔ + ◈♔ = ? ✂⊙ * ◈ - ✓☷ = ?

>> WORT-WIRRWARR

In jeder Aufgabe sind die Buchstaben eines Wortes in ihrer Reihenfolge vertauscht. Alle aufgelisteten Buchstaben kommen im gesuchten Wort vor. Es könnte mehr als eine Lösung geben. Können Sie das folgende Wort korrekt erkennen?

1	E I O E L M D
2	R U S N P G U R
3	M N E G I E D E
4	F I A U A I P E
5	A B E D L R B I
6	E N D E N I R R
7	P N O L N K I A
8	U A Q I S H C

9	N G A B A E D
10	L M A O R I I B
11	N B H R C A E
12	L L O M I Z H E
13	H E A E S R U F
14	L E F I A N
15	E L S U Z I G
16	P H O A I K E E

>> ÜBERFLÜSSIGE ZIFFERN

Entfernen Sie drei Ziffern auf der linken Seite, damit die Rechnung stimmt.

1	48 * 107 / 4 - 8349 = 86
2	22 + 280 - 3405 + 49 = 56
3	6 + 256 - 5 * 1877 = -59
4	22 - 48 + 416 - 1347 = -14
5	130 * 4 - 36 - 3852 = -28
6	30553 + 17 + 6 + 3 = 59

7	101 * 102 / 5 - 21 + 8 * 5 = 62
8	27 + 462 / 6 * 2057 = 216
9	1270 * 41 + 216 + 5 = 441
10	52554 + 13 + 10 - 8 = 39
11	27 - 33 + 2 * 10945 = 32
12	462 - 8818 + 28 - 23 = 29

>> WORT-SYMBOLE

Hier ist jeweils ein Begriff mit Symbolen und Icons umschrieben. Können Sie die Worte erraten?

1	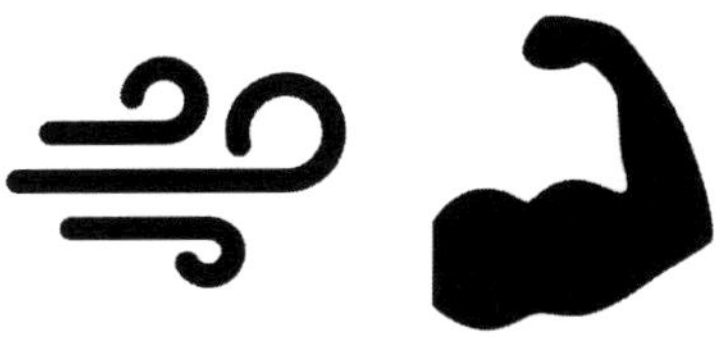
2	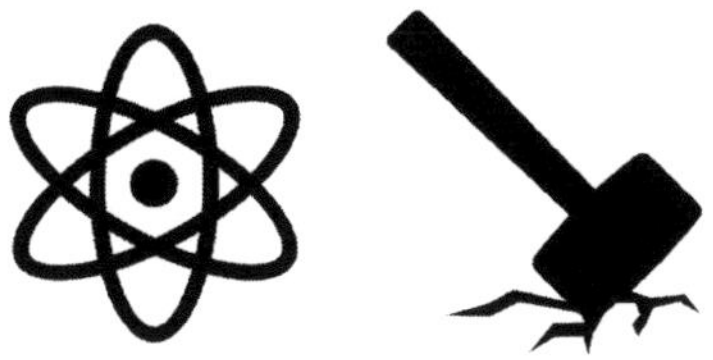
3	

4	
5	
6	
7	
8	

9	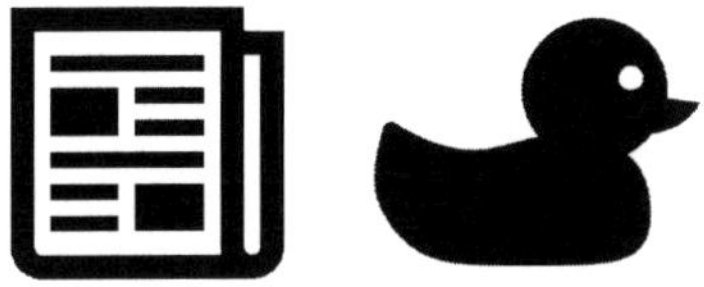
10	
11	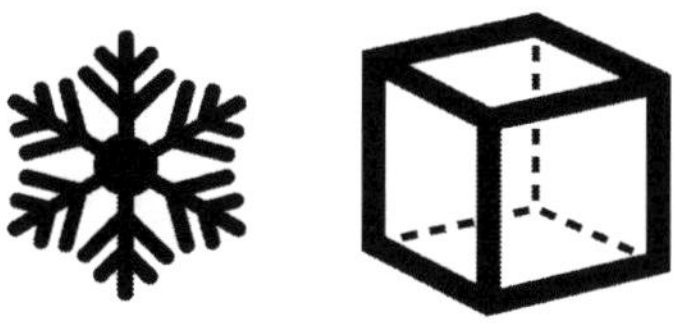
12	

>> ZELLEN ENTFERNEN

Entfernen Sie Zellen aus der Tabelle, damit die Summe der Zellen neben der Zeile und unter der Spalte stimmt. Die Zahl in Klammern zeigt an, wie viele Zeilen in der Zeile und der Spalte übrigbleiben müssen.

1.

8	5	8	5	4	9	31 (5)
6	6	5	3	8	2	25 (5)
3	8	9	4	7	9	29 (4)
8	7	2	7	1	3	18 (4)
5	6	6	5	4	5	26 (5)
1	6	6	2	5	7	19 (4)
23 (5)	31 (5)	25 (4)	20 (4)	22 (5)	27 (4)	

2.

2	5	2	3	7	8	20 (5)
5	8	2	4	5	5	25 (5)
1	5	6	6	2	1	15 (5)
7	5	3	6	4	2	16 (4)
3	9	8	2	5	8	22 (3)
6	6	8	9	8	7	38 (5)
14 (4)	32 (5)	23 (5)	24 (4)	20 (4)	23 (5)	

3.

9	7	1	7	7	6	36 (5)
2	7	4	4	3	3	20 (5)
1	7	3	2	5	9	8 (3)
6	7	4	2	6	2	25 (5)
8	7	6	9	3	9	28 (4)
1	4	1	7	4	1	14 (5)
19 (5)	32 (5)	9 (3)	29 (5)	21 (4)	21 (5)	

4.

7	5	9	5	8	1	23 (4)
9	1	4	8	9	2	31 (5)
5	2	3	8	2	8	20 (5)
8	2	8	8	7	5	36 (5)
7	9	7	3	9	7	17 (3)
8	4	6	5	6	6	29 (5)
37 (5)	12 (4)	30 (5)	32 (5)	26 (4)	19 (4)	

5.

2	9	2	5	9	4	15	(3)
1	3	2	5	3	6	16	(4)
8	5	8	2	4	4	27	(5)
7	6	7	5	3	4	29	(5)
3	9	1	4	7	4	27	(5)
2	6	6	1	2	1	17	(5)
20	26	25	17	25	18		
(4)	(4)	(5)	(5)	(5)	(4)		

6.

4	5	6	7	8	1	25	(4)
4	3	8	1	1	9	22	(5)
8	4	8	3	4	3	26	(5)
7	4	5	6	7	6	18	(3)
9	1	4	1	1	3	18	(5)
8	1	9	5	2	3	25	(5)
36	13	35	16	19	15		
(5)	(5)	(5)	(4)	(5)	(3)		

7.

5	9	7	4	6	1	22	(4)
1	1	3	1	9	4	12	(4)
7	5	1	9	3	2	23	(4)
2	7	7	8	2	8	27	(5)
1	3	3	6	6	7	25	(5)
4	3	2	1	4	3	14	(5)
19	21	19	25	21	18		
(5)	(5)	(4)	(5)	(4)	(4)		

8.

3	7	1	6	8	7	26	(5)
8	9	6	6	3	5	22	(4)
9	3	9	9	4	7	25	(4)
8	3	5	4	9	6	20	(4)
9	3	4	8	5	1	25	(5)
4	8	5	2	3	7	26	(5)
32	24	24	29	15	20		
(5)	(5)	(5)	(5)	(3)	(4)		

9.

8	3	3	5	2	7	17	(4)
9	2	3	3	7	5	26	(5)
7	9	2	5	2	7	30	(5)
8	6	7	7	7	5	34	(5)
1	1	3	7	9	3	12	(4)
4	2	3	8	2	5	12	(4)
25	14	18	27	18	29		
(4)	(4)	(5)	(5)	(4)	(5)		

10.

1	6	8	3	3	7	22	(5)
5	9	7	8	4	2	23	(4)
5	2	8	9	8	6	36	(5)
5	8	3	1	1	4	18	(5)
8	3	5	1	4	1	15	(4)
3	9	9	9	9	2	30	(4)
22	26	33	22	25	16		
(5)	(3)	(5)	(5)	(5)	(4)		

>> RECHEN-HÜPFER

Starten Sie für jede Rechnung neu bei dem Fragezeichen (?). Welche Ziffern oder Operationen folgen zeigt der Code: Das erste Zeichen (▷, △, ▽, ◁) bestimmt die Richtung und die Zahl sagt, wie viele Zellen Sie springen müssen. Es gilt die Punkt-Vor-Strich-Rechnung.

1	- 1 ? 1 8 4 2 5 2 3 * - 1 8 + 6 - 1 9 + 2 - 2 * 1. Rechnung: ◁1, ▷3, ▽1, ▽2, ◁2 2. Rechnung: ▷1, ▽1, ▷2, ◁3, ◁1 3. Rechnung: ▽1, ◁2, △1, ▽2, ▷3
2	7 2 * 6 5 3 0 ? 1 8 4 3 3 1 1 3 * 6 - 1 / + 2 8 1. Rechnung: ▷4, ▽2, ◁3, ◁1, ▷2, ▷1 2. Rechnung: ▷1, ◁2, ▽2, △1, ▷5 3. Rechnung: ▷1, ▽1, ▷2, ◁3, ▷1

3	* 6 1 / 2 7 9 8 + + 1 2 2 1 * + - 8 7 4 1 + ? 1 1. Rechnung: △2, ◁4, ▷3, ▷2, ▽2 2. Rechnung: ▷1, ◁5, △3, ▽2, ▷4, ◁3, △1 3. Rechnung: ◁3, ▷1, △2, △1, ▷2
4	4 6 ? 7 + 3 3 0 9 1 8 3 * - 1 2 5 - 4 * 1 7 + * 1. Rechnung: ▷3, ▽1, ▽1, ◁2, △1 2. Rechnung: ▽3, ▷1, ▷1, ◁4, △1, △2, ▽1 3. Rechnung: ▽2, ▷1, ◁2, ▷2, △2
5	4 8 / 6 8 ? + 0 8 7 1 3 - + 4 2 3 1 4 * 4 4 - 1 1. Rechnung: ◁4, ▽3, ▷1, △1, ◁2, ▷4, △2 2. Rechnung: ◁5, ▽3, △2, ▷4, ◁1 3. Rechnung: ▽1, ◁1, ▽2, ◁1, △3

6	6 4 4 5 + 5 + * 8 1 2 5 0 7 7 7 8 * 2 + * * 8 - ? 2 0 1 1. Rechnung: △2, ▷3, △1, ◁5, ▷1 2. Rechnung: ▷1, △3, ◁1, ▽2, ▷1, ◁3 3. Rechnung: ▷3, ◁1, △1, △2, ▽1
7	- * 3 1 4 9 1 - 4 2 5 5 4 ? * 6 4 8 / - - 1 1 / 5 6 6 1 1. Rechnung: ◁4, ▷1, ◁3, ▷5, ◁4, △1, ▷4 2. Rechnung: ▽2, ◁2, △1, △2, ◁4, ▷2, ▷1 3. Rechnung: △1, ◁1, ▽2, ◁2, ▷3, ◁4, ◁1
8	3 * * / 1 6 1 + 5 4 2 0 / 8 7 9 * 5 8 1 ? - 5 3 6 1 5 3 1. Rechnung: ▽1, ◁1, ◁5, ▷2, ▷1, △3, ◁3 2. Rechnung: △2, ▽1, ◁6, ▷3, ▽1, ◁1, ▷2 3. Rechnung: ◁1, △2, ◁4, ▽1, ▷4, ◁3, ▷2

9	- ? 7 9 6 4 + 7 0 / 6 2 - 6 1 3 0 + / 3 7 * 1 4 6 3 1 - **1. Rechnung:** ▷1, ▷4, ◁1, ◁1, ◁4, ▽2, ▷6 **2. Rechnung:** ▽3, ▷2, ◁3, ▷5, ◁3, △2, ◁2 **3. Rechnung:** ▽2, ▷1, ▷1, ▷2, △1, ◁1, ◁3
10	+ 2 1 7 - ? - 0 8 - 2 1 4 2 * 3 2 7 5 3 1 7 6 0 * / + 1 **1. Rechnung:** ◁3, ▷1, ▷1, ◁3, ▽3, ▷4, ▷1 **2. Rechnung:** ▽1, ◁5, △1, ▷1, ▷5, ▽2, ◁2 **3. Rechnung:** ▽2, ◁5, ▷1, △1, ▷1, ▷1, ▷3

>> ZIEL-RECHNEN

Vorgegeben sind Zahlen und ein Zielwert. Finden Sie eine Rechnung, die mit den Vorgaben und den Operatoren +, -, *, Division (/) genau den Zielwert trifft. Klammern um Teilrechnungen sind erlaubt. Es gilt die Punkt-vor-Strich-Rechnung. Alle vorgegebenen Zahlen müssen genau einmal vorkommen. Bei den Operatoren können Sie frei wählen.

1	Erreichen Sie den Zielwert „40" mit den Zahlen: 7, 6, 3, 7.
2	Erreichen Sie den Zielwert „41" mit den Zahlen: 9, 7, 3, 1.
3	Erreichen Sie den Zielwert „27" mit den Zahlen: 5, 2, 8, 8.
4	Erreichen Sie den Zielwert „500" mit den Zahlen: 9, 5, 9, 5.
5	Erreichen Sie den Zielwert „7" mit den Zahlen: 6, 4, 4, 4.
6	Erreichen Sie den Zielwert „70" mit den Zahlen: 3, 1, 8, 8.
7	Erreichen Sie den Zielwert „66" mit den Zahlen: 10, 9, 9, 6.
8	Erreichen Sie den Zielwert „58" mit den Zahlen: 5, 2, 7, 5.
9	Erreichen Sie den Zielwert „31" mit den Zahlen: 7, 2, 6, 4.
10	Erreichen Sie den Zielwert „316" mit den Zahlen: 2, 6, 10, 10.
11	Erreichen Sie den Zielwert „970" mit den Zahlen: 9, 7, 7, 10.
12	Erreichen Sie den Zielwert „66" mit den Zahlen: 3, 9, 7, 7.

>> BUCHSTABEN-HÜPFER

Welche Wörter verstecken Sich jeweils in der Matrix?

<table>
<tr><td>1</td><td>G M A R E D
L M R S E U
E N I E S ?
P D J R L K

1. Wort: ◁1, △1, ◁2, ▽1, ▷1, ◁2
2. Wort: ▽1, △2, ◁4, △1, ▷3, ◁1
3. Wort: △2, ◁2, ◁1, ◁2, ▽2, ▷3, △1</td></tr>
<tr><td>2</td><td>N H D T C I
E N H M I N
X E R E T U
N I ? R M P

1. Wort: △3, ▷3, ◁1, ◁3, ▷2, ▽2, ◁1
2. Wort: ▷3, ◁4, ◁1, △3, ▽1
3. Wort: ▷2, △2, ▷1, ▽1, ◁1, ◁3, △1</td></tr>
<tr><td>3</td><td>T J S S K U
E R C P E T
C K S E V T
O E H N ? E

1. Wort: △3, ▷1, ▽2, ◁3, △1, ▽2, ◁1
2. Wort: ◁1, ◁3, △1, ▷1, ▷2
3. Wort: △1, ◁1, △2, ▽1, ◁3, ▷1</td></tr>
</table>

4	Y	D	I	H	E	X
	O	A	R	?	P	K
	A	E	T	D	M	P
	F	N	S	Z	L	I

1. Wort: ▷2, ◁4, ▽2, ▷2, ▷1, △3, ◁2
2. Wort: ▷1, ◁2, ◁2, ▽2, ▷5, ◁3
3. Wort: ▽1, ◁3, ▷4, ◁3

5	B	A	L	X	T	R
	V	F	K	P	O	A
	B	W	I	V	O	?
	D	N	E	D	T	E

1. Wort: ◁2, ◁1, △1, ▷3, △1, ▽3
2. Wort: ◁4, △2, ▽3, ▷2, ◁1, △3
3. Wort: ◁5, ▷2, ▷2, △2, ▽1, ◁1

6	E	R	D	F	W	R
	E	R	N	A	B	E
	E	T	M	N	P	L
	I	?	G	A	A	E

1. Wort: ▷3, ◁2, ◁2, ▷5, △3, ▽1, ◁3
2. Wort: ▷3, △2, ◁1, ◁2, ▽1, ◁1, ▷3
3. Wort: △3, ◁1, ▷2, ▽1, ◁2, ▷1

7	K R S C S S E T U A P M A V B J Q ? M O R I I T 1. Wort: △1, ◁2, △1, ◁3, ▽1 2. Wort: ◁5, ▷2, ▽1, ▷2, △3, ▷1 3. Wort: ▽1, ◁4, △3, ▽1, ▷1, ▽2
8	I E L T G T L A R U N M G G W A J B ? S G I T Q E R A U 1. Wort: ◁1, ▽1, ◁2, ▷3, ▷2, △1 2. Wort: △1, ◁2, ◁1, ▷5, ◁6, ▷3, ▷2 3. Wort: ◁1, ◁2, ▷4, △2, ◁4, ▷1, ◁1, ◁1
9	B N M P N E O O B E ? O J O W O S R S W G N L C R E N L 1. Wort: ◁2, ◁1, ▽2, △3, ▷6, ◁2, ▽2 2. Wort: ▷2, ▷1, ▽2, ◁5, ▷3, △3 3. Wort: △1, ▽2, ◁2, △2, ▷5, ◁4, ▷3, ▽3

10	? M A T E O T K O O S I A L M Q N T M D O K M L G N A O 1. Wort: ▽2, ▷6, ◁4, △1, ▷4, ▽2, ◁3 2. Wort: ▽3, ▷2, △3, ◁1, ▷4, ◁2, ▷3, ◁2 3. Wort: ▽1, ▷1, ▷2, ▷2, ◁5, ▷4, ▽2
11	A L L H L R D R S E ? T G X O R N K E T Q I P N E X H R 1. Wort: △1, ◁3, ▷5, ▽2, △1, ◁3, △1, ▷4 2. Wort: ◁2, ▽2, ▷4, ◁5, ▷2, ▷2, ◁1 3. Wort: ▽1, ◁3, △1, △1, ▷1, ▷3, ▽2, ◁2
12	R F R T U E A Z ? E N M G Z J E S K D V T M Y O I N E K 1. Wort: ▷4, ▽2, ◁1, ◁2, ◁2, ▷3, △1 2. Wort: ▷5, ◁4, ▷1, △1, ◁3, ▷4, ▽1 3. Wort: △1, ▷1, ▷3, ◁1, ▽3, △1, ◁3

>> ÜBERFLÜSSIGE BUCHSTABEN

Bei diesen Aufgaben haben sich überflüssige Buchstaben in die Worte geschlichen. Streichen Sie diese, um das gesuchte Wort zu erkennen. In den Klammern finden Sie die Anzahl der überflüssigen Buchstaben.

1	VODROFBALKL (4)	7	GKESTNEALHL (4)
2	ZJXAMZMCER (4)	8	EGNEGENNVD (4)
3	WDVORONJE (4)	9	BUARZITMON (3)
4	IXROHNIQE (3)	10	JWUCIHNEBR (4)
5	ZVAJHLUNNG (3)	11	MBIOSFEWRE (4)
6	VOGLCUMXEN (3)	12	FANNPDOWSLT (4)

>> SCHLANGEN-WORT

Durch die Waben in der Aufgabe schlängelt sich ein Wort. Von einer Wabe darf die Schlange nur durch angrenzende Waben laufen und jede Wabe kommt nur einmal vor. Leider ist nicht klar, wo das Wort beginnt und endet.

1.

2.

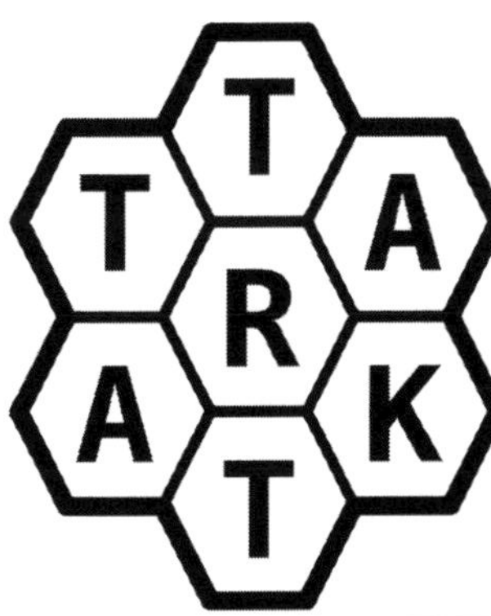

3.

T E
I N
O Q
U T

4.

N U
N O
E S
I C

5.

E A
R S
D A
M N

6.

K E
U K
N W
T R
S E

7.

K U
E G
N Z
B E
A N

8.

O B
L A
N C
N H
E S

9.

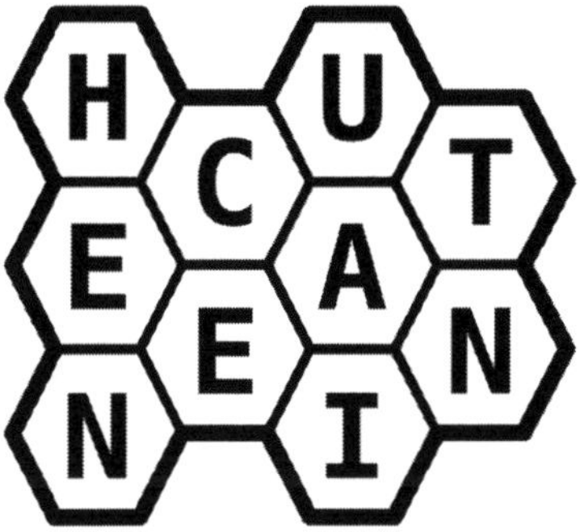

10.

11.

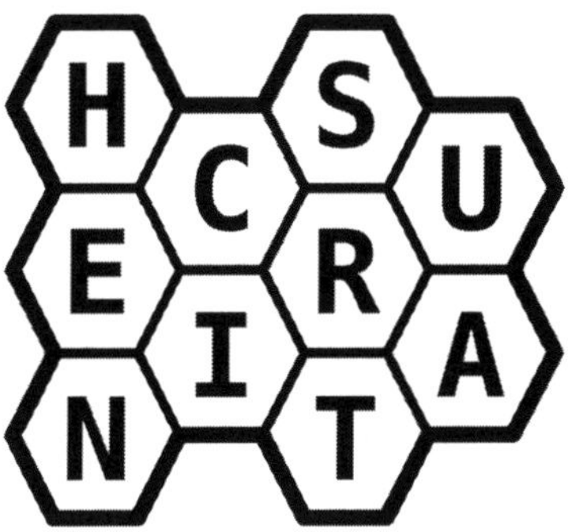

12.

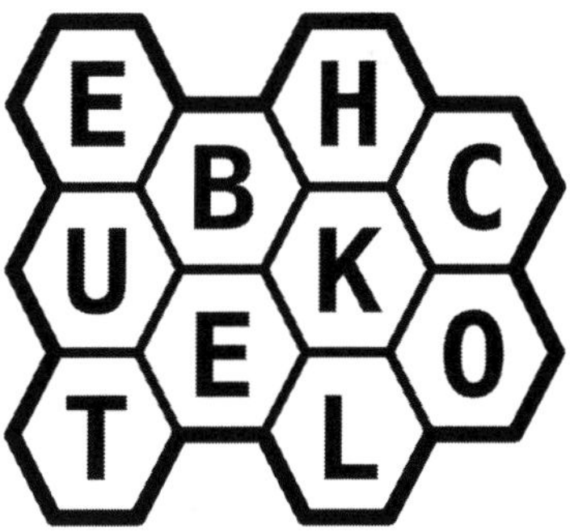

>> FEHLENDE OPERATOREN

In der Rechnung fehlen alle Operatoren. Setzen Sie die korrekten Operatoren +, -, * oder / ein, damit sich das richtige Resultat ergibt. Es gilt die Punkt-vor-Strich-Rechnung.

1	10 __ 18 __ (10 __ 15) = -80
2	(5 __ 12 __ 1) __ 12 = 192
3	(8 __ 20) __ 16 __ 3 = 179
4	16 __ ((2 __ 3) __ 10) = 12
5	14 __ 6 __ (18 __ 13) = -172
6	2 __ 24 __ 6 __ 23 = -112
7	13 __ 21 __ 7 __ 10 = -17
8	20 __ 4 __ 18 __ 16 = 3
9	12 __ 9 __ (21 __ 6) = 81
10	9 __ (3 __ 16 __ 9) = -48

11	7 __ 18 __ 12 __ 2 = 13
12	8 __ (20 __ 1 __ 9) = 96
13	(17 __ (5 __ 7)) __ 7 = 197
14	22 __ 4 __ 17 __ 16 = 298
15	4 __ 21 __ 3 __ 3 = 83
16	(20 __ 20) __ (20 __ 15) = 8
17	9 __ 19 __ 21 __ 8 = 416
18	24 __ 20 __ 17 __ 21 = 123
19	15 __ 23 __ 20 __ 11 = 376
20	24 __ 2 __ 16 __ 1 __ 23 = 27

>> SCHLANGEN-RECHNEN

Durch die Waben in der Aufgabe schlängelt sich eine Rechnung. Von einer Wabe darf die Schlange nur zu angrenzenden Waben weiterlaufen. Jede Wabe muss genau einmal besucht werden. Leider ist nicht ersichtlich, wo die Rechnung beginnt, endet und welchen Weg sie nimmt. Das Ergebnis der Rechnung ist vorgegeben. Es gilt die Punkt-vor-Strich-Rechnung.

1. Erreichen Sie das Ergebnis: 2

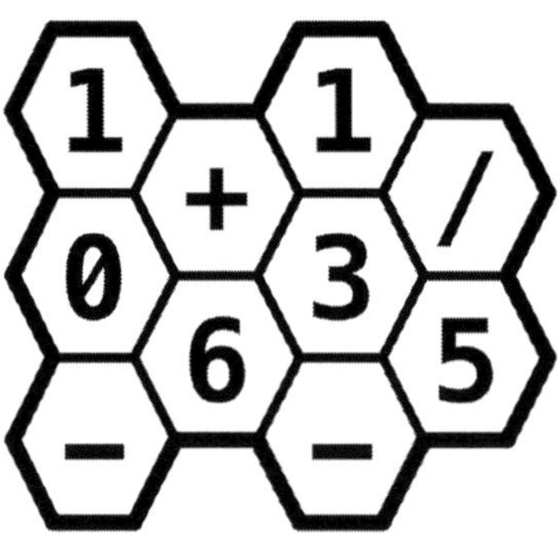

2. Erreichen Sie das Ergebnis: -12

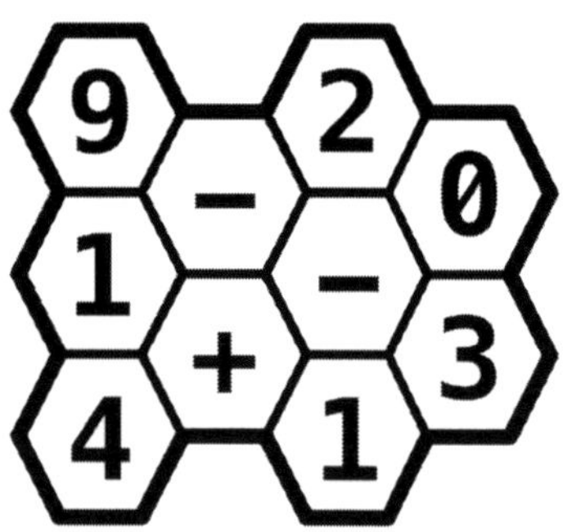

3. Erreichen Sie das Ergebnis: 55

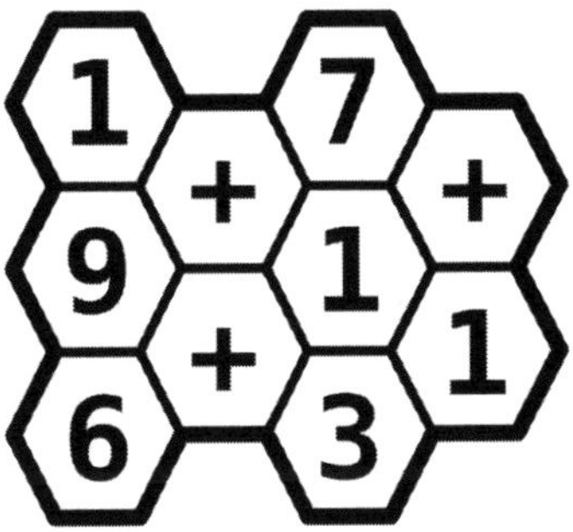

4. Erreichen Sie das Ergebnis: 5

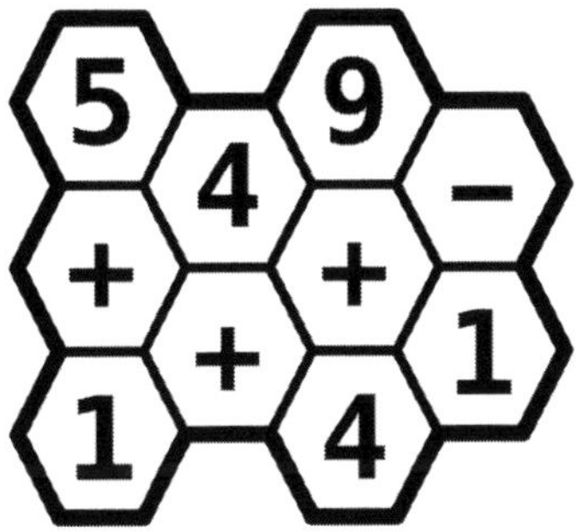

5. Erreichen Sie das Ergebnis: 45

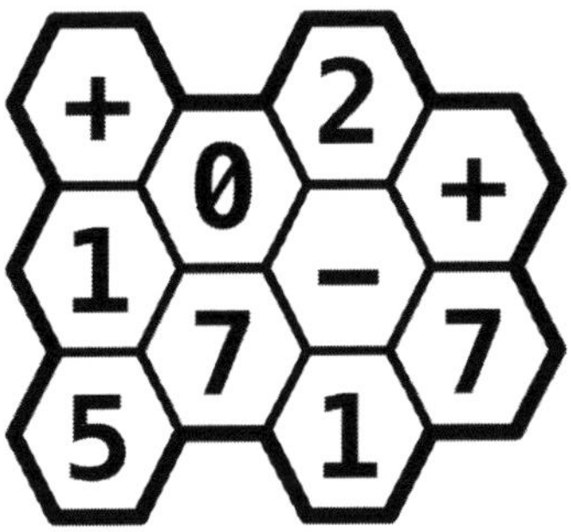

6. Erreichen Sie das Ergebnis: 23

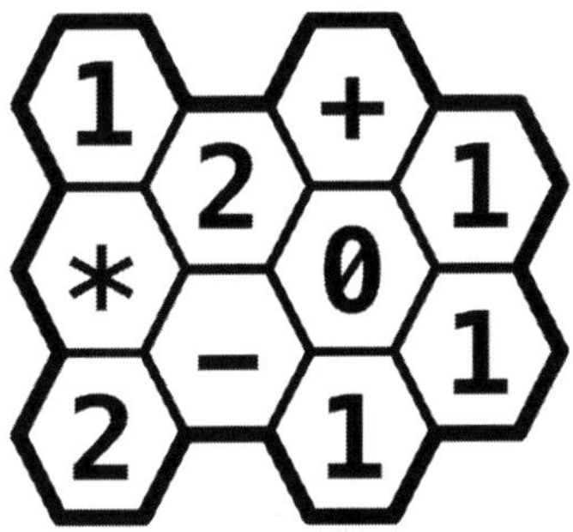

7. Erreichen Sie das Ergebnis: 44

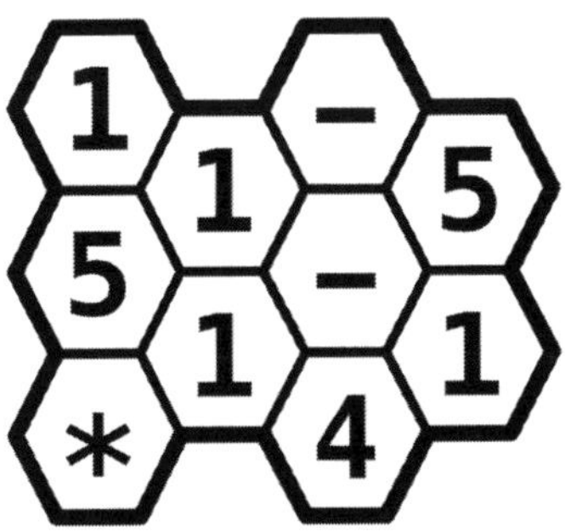

8. Erreichen Sie das Ergebnis: 25

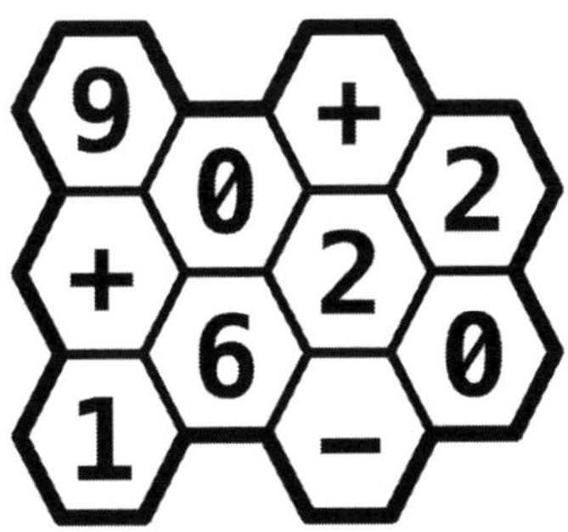

9. Erreichen Sie das Ergebnis: -86

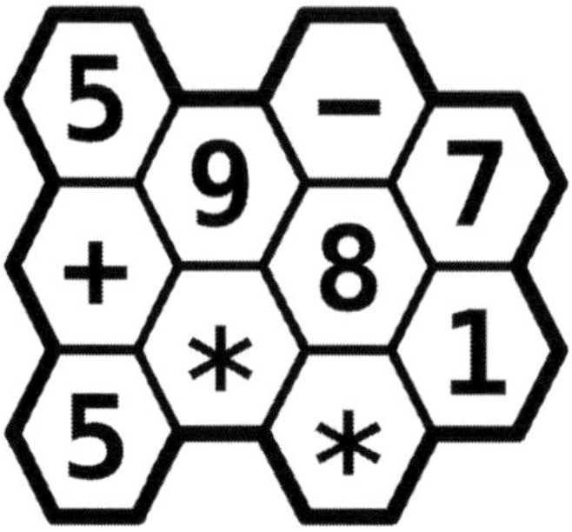

10. Erreichen Sie das Ergebnis: 42

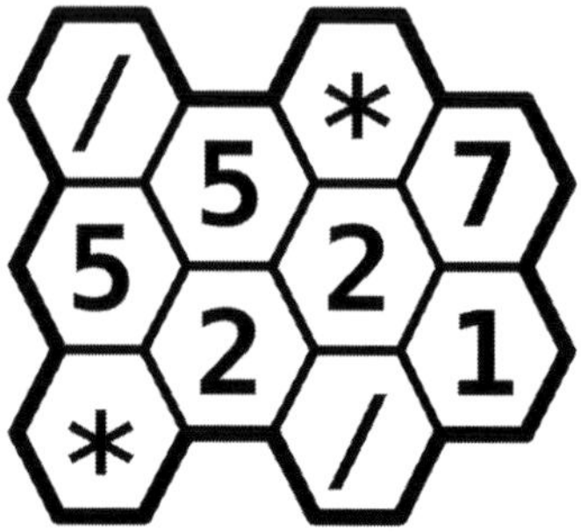

>> BUCHSTABEN-VERWANDLUNG

Beginnen Sie mit den vorgegebenen Buchstaben. Wenn Sie alle Schritte im Kopf korrekt durchführen, finden Sie das gesuchte Ergebniswort.

1	Starten Sie mit: „SI“ • Erster und letzter Buchstabe tauschen die Plätze. • Buchstabe „L“ vorne anfügen • Reihenfolge der Zeichen umdrehen • Buchstabe „O“ hinten anfügen Welches Wort ist das Ergebnis?
2	Starten Sie mit: „KLU“ • Buchstabe „H“ hinten anfügen • Erster und letzter Buchstabe tauschen die Plätze. • Reihenfolge der Zeichen umdrehen • Buchstabe „T“ für „H" einsetzen Welches Wort ist das Ergebnis?
3	Starten Sie mit: „IN“ • Buchstabe „E“ vorne anfügen • Buchstabe „M“ vorne anfügen • Buchstabe „D“ für „M" einsetzen • Erster und letzter Buchstabe tauschen die Plätze. Welches Wort ist das Ergebnis?

4	Starten Sie mit: „M“ • Buchstabe „Z“ für „M" einsetzen • Buchstabe „E“ für „Z" einsetzen • Buchstabe „D“ vorne anfügen • Buchstaben „CO“ vorne anfügen Welches Wort ist das Ergebnis?
5	Starten Sie mit: „A“ • Buchstabe „N“ vorne anfügen • Buchstaben „N“ und „A“ tauschen die Plätze • Buchstabe „G“ hinten anfügen • Buchstabe „F“ vorne anfügen Welches Wort ist das Ergebnis?
6	Starten Sie mit: „NO“ • Buchstabe „S“ für „N" einsetzen • Buchstaben „LD“ vorne anfügen • Buchstaben „D“ und „O“ tauschen die Plätze • Buchstaben „L“ und „S“ tauschen die Plätze Welches Wort ist das Ergebnis?
7	Starten Sie mit: „LG“ • Reihenfolge der Zeichen umdrehen • Buchstabe „U“ hinten anfügen • Buchstabe „F“ hinten anfügen • Erster und letzter Buchstabe tauschen die Plätze. Welches Wort ist das Ergebnis?
8	Starten Sie mit: „RC“ • Buchstabe „P“ für „C" einsetzen • Buchstabe „T“ für „R" einsetzen • Buchstaben „EU“ vorne anfügen • Erster und letzter Buchstabe tauschen die Plätze. Welches Wort ist das Ergebnis?
9	Starten Sie mit: „ET“ • Erster und letzter Buchstabe tauschen die Plätze. • Buchstaben „IR“ vorne anfügen • Buchstabe „H“ vorne anfügen Welches Wort ist das Ergebnis?
10	Starten Sie mit: „MMII“ • Erster und letzter Buchstabe tauschen die Plätze. • Reihenfolge der Zeichen umdrehen • Buchstabe „K“ hinten anfügen Welches Wort ist das Ergebnis?
11	Starten Sie mit: „MA“ • Buchstabe „O“ vorne anfügen • Buchstabe „R“ vorne anfügen • Buchstabe „U“ vorne anfügen Welches Wort ist das Ergebnis?

12	Starten Sie mit: „D“ • Buchstabe „N“ für „D" einsetzen • Buchstabe „L“ für „N" einsetzen • Buchstabe „E“ vorne anfügen • Buchstaben „AN“ hinten anfügen Welches Wort ist das Ergebnis?
13	Starten Sie mit: „Q“ • Buchstabe „M“ für „Q" einsetzen • Buchstaben „RO“ vorne anfügen • Buchstabe "R“ und „M“ tauschen die Plätze • Buchstabe „D“ hinten anfügen Welches Wort ist das Ergebnis?
14	Starten Sie mit: „EQ“ • Buchstabe „T“ für „Q" einsetzen • Erster und letzter Buchstabe tauschen die Plätze. • Buchstaben „ES“ vorne anfügen • Buchstabe „G“ vorne anfügen Welches Wort ist das Ergebnis?

LÖSUNGEN: SEHR EINFACHE AUFGABEN

>>

ZAHLEN-VERWANDLUNG

1	63 ▹ 6 ▹ 26 Ergebnis: 26
2	55 ▹ 5 ▹ 8 Ergebnis: 8
3	36 ▹ 3 ▹ 31 Ergebnis: 31
4	38 ▹ 83 ▹ 81 ▹ 8 Ergebnis: 8
5	25 ▹ 252 ▹ 5 ▹ 53 Ergebnis: 53
6	30 ▹ 130 ▹ 124 ▹ 24 Ergebnis: 24
7	66 ▹ 12 ▹ 2 ▹ 52 Ergebnis: 52

8	15 ▹ 5 ▹ 59 ▹ 95 Ergebnis: 95
9	17 ▹ 717 ▹ 15 ▹ 154 Ergebnis: 154
10	175 ▹ 13 ▹ 3 ▹ 34 Ergebnis: 34
11	179 ▹ 358 ▹ 35 ▹ 235 Ergebnis: 235
12	117 ▹ 114 ▹ 411 ▹ 11 Ergebnis: 11
13	163 ▹ 16 ▹ 61 ▹ 6 Ergebnis: 6
14	30 ▹ 630 ▹ 636 ▹ 3 Ergebnis: 3

>> SCHLANGEN-RECHNEN

1. Ergebnis: 9-15+3 = -3

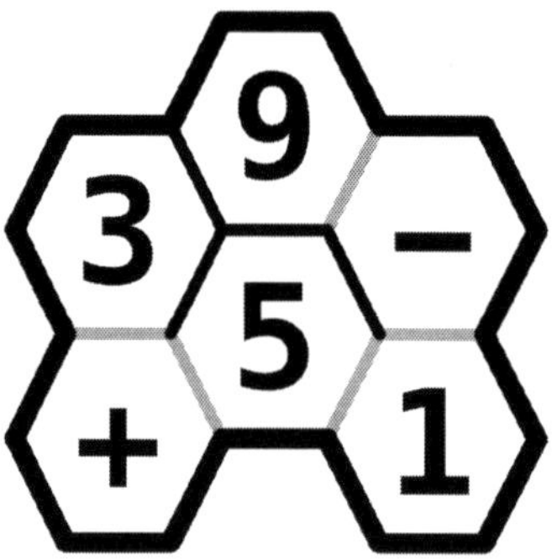

2. Ergebnis: 12-2*5 = 2

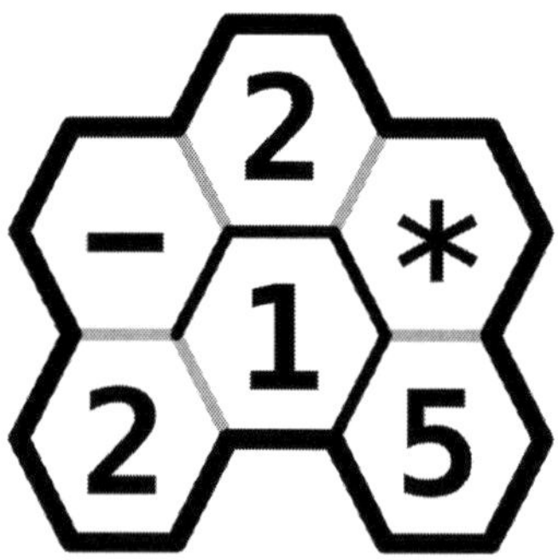

3. 10-8-2+1=1

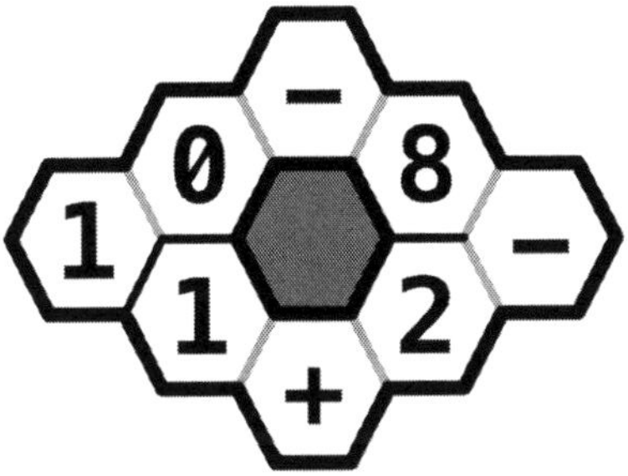

4. 6+3*4-10=8

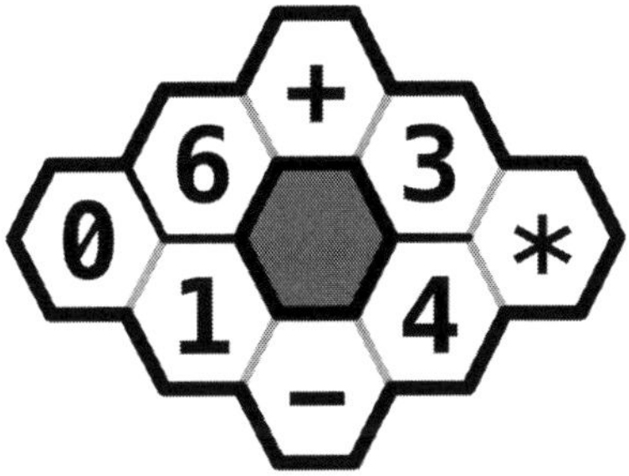

5. 4*3+9-10=11

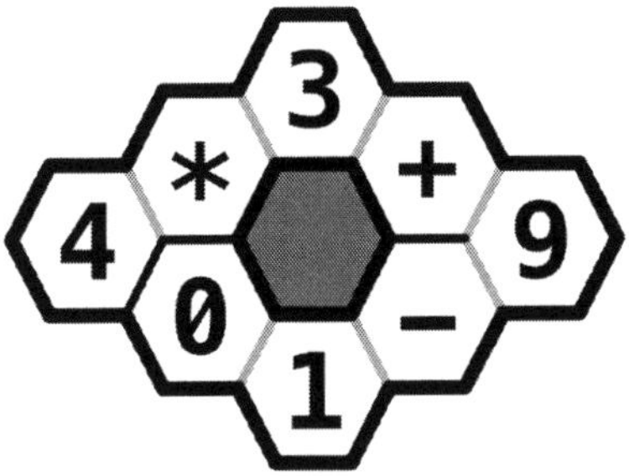

6. Ergebnis: 2*5+2/1 = 12

7. Ergebnis: 7*5+4+3 = 42

8. Ergebnis: 11-4-12 = -5

9. Ergebnis: 6-4+3-9 = -4

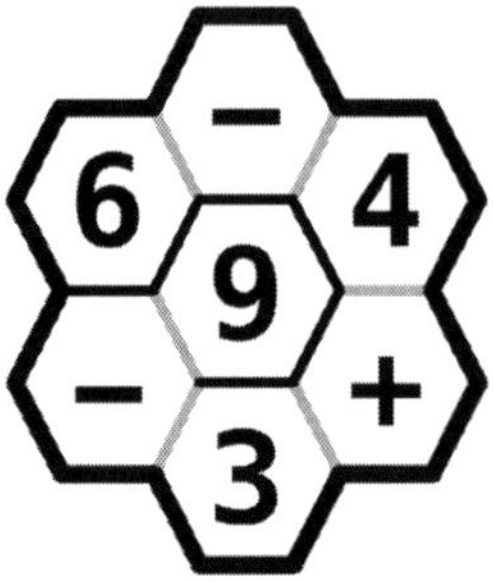

10. Ergebnis: 8+3-9+1 = 3

>> RECHEN-HÜPFER

1	1. 6*9 = 54 2. 6*14 = 84 3. 14+13 = 27
2	1. 4+18 = 22 2. 7*3 = 21 3. 14+16 = 30
3	1. 10+7 = 17 2. 12+20 = 32 3. 18-5 = 13
4	1. 12-8 = 4 2. 13-14 = -1 3. 10+2 = 12
5	1. 8-2 = 6 2. 3+14 = 17 3. 9*4 = 36

6	1. 24+5 = 29 2. 2*15 = 30 3. 22-19 = 3
7	1. 8-17 = -9 2. 19*3 = 57 3. 15+14 = 29
8	1. 15-6 = 9 2. 17+10 = 27 3. 8+8 = 16
9	1. 9*2-9 = 9 2. 6-1*7 = -1 3. 6+13 = 19
10	1. 3-15 = -12 2. 20-17 = 3 3. 11*8 = 88

>> WORT-WIRRWARR

1	TAUBE	8	MEDIEN
2	SCHEIN	9	TRICKS
3	MARKT	10	TAUFE
4	PIZZA	11	SAHNE
5	KULT	12	ROHR
6	TRUPP	13	FRAU
7	BESUCH	14	WICHT

>> WORT-SALAT

1	___HE_FT_ PUL__L__I	6	__Z_WEI__G RI_S___SE_
2	LIF_T____ ___S_PANN	7	_B_U_B__ W_A_I_SE
3	__RU_N_DE MA__U_L__	8	____L_ADER ANKE_R____
4	NER_Z_E_ ___R_O_T	9	__F_IR_MA FA_R__N__
5	_MAST____ W____AAGE	10	D_AT_EN___ _B__E__LEG

11	__W_A_NZE WE_G_E___	13	_U_H_R__ S_U_M_ME
12	_GR_AD___ B__A__SAR	14	STO_P____ ___L_EERE

>> STÄBCHEN UMLEGEN (WORTE)

Es gibt für mache Aufgaben mehrere Möglichkeiten. Hier ist immer nur eine Musterlösung abgebildet.

1	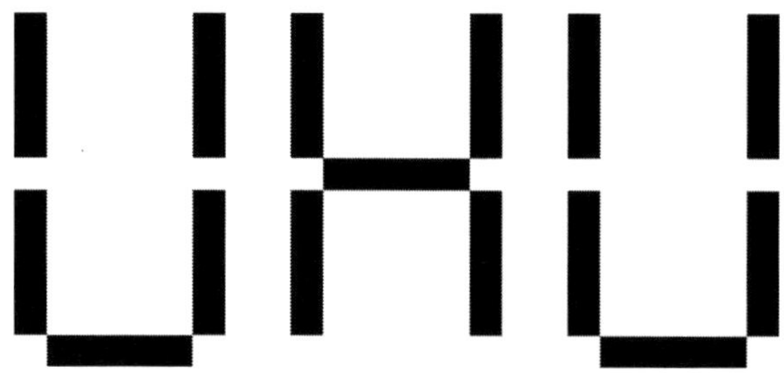
2	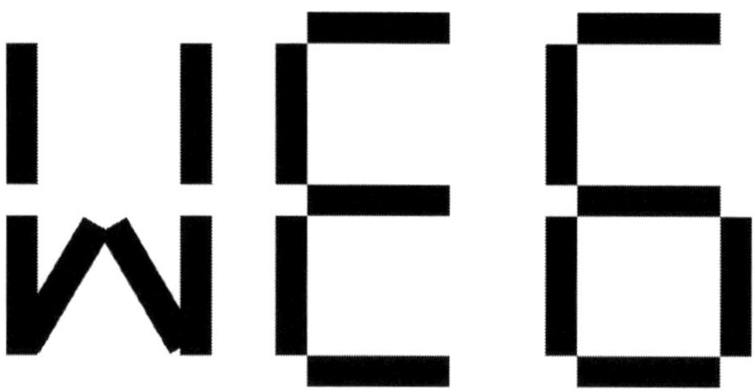

3	RAP
4	OPA
5	AUS
6	GAS

7	EHE
8	OHM
9	HOF
10	RUF

>> ZIEL-RECHNEN

1	7 * (6 - 5) = 7
2	(3 + 5 * 8) = 43
3	(4 + 8 * 4) = 36
4	(4 * 4 - 7) = 9
5	(7 + 10 / 5) = 9
6	(91 - 3) = 88

7	(8 + 6 * 8) = 56
8	(5 + 8 * 6) = 53
9	(5 + 4 * 3) = 17
10	(85 - 9) = 76
11	(24 + 5 * 13) = 89
12	(4 + 813) = 817

>> RECHNEN MIT SYMBOLEN

1	2 + 3 = 5 3 + 3 = 6 4 + 4 = 8 4 * 3 = 12 3 * 1 = 3 2 * 1 - 3 = -1
2	4 + 1 = 5 2 * 3 = 6 4 + 3 = 7 3 + 1 = 4 4 - 3 = 1 3 * 4 + 2 = 14
3	Merken: 3 * 2 = 6 2 + 3 = 5 2 + 1 = 3 2 * 2 = 4 1 * 5 = 5 2 * 2 - 3 = 1

4	3 - 1 = 2 3 * 1 = 3 4 - 3 = 1 3 * 5 = 15 2 * 3 = 6 3 + 1 = 4
5	1 + 1 = 2 3 - 5 = -2 2 + 3 = 5 3 + 2 = 5 4 - 4 * 2 = -4 1 + 5 - 4 = 2
6	2 - 4 = -2 2 + 3 = 5 3 * 2 = 6 1 + 2 = 3 1 + 4 = 5 3 * 5 = 15 5 * 5 = 25 3 - 3 * 4 = -9 3 - 1 + 5 = 7 5 - 5 - 3 = -3

>> ÜBERFLÜSSIGE ZIFFERN

1	13_ - 17_ = -4
2	14 + 1_0_ = 24
3	1__1 + 7 = 18
4	_16 - 12_ = 4
5	5__ - 19 = -14
6	5 * 1__8 - 13 = 77
7	1_1 - 17_ = -6
8	9_ - _10 = -1

9	5 + 2__2 = 27
10	13 * 20 - 1_4_ = 246
11	1_3_ - 4 = 9
12	_4_ + 7 - 3 = 8
13	_6 - 1_1 = -5
14	2_4 + 13_ = 37
15	_45 - 10_ = 35
16	1_4 - _28 = -14

>> ZELLEN ENTFERNEN

1.

9	~~5~~	4	5	18 (3)
3	~~3~~	5	2	10 (3)
8	3	~~6~~	~~8~~	11 (2)
~~6~~	4	~~2~~	2	6 (2)
20 (3)	7 (2)	9 (2)	9 (3)	

2.

~~7~~	~~8~~	2	6	8 (2)
~~8~~	3	~~7~~	8	11 (2)
2	8	7	~~1~~	17 (3)
1	6	2	~~8~~	9 (3)
3 (2)	17 (3)	11 (3)	14 (2)	

3.

6	1	2	~~1~~	9 (3)
5	~~2~~	4	~~7~~	9 (2)
8	~~9~~	~~8~~	2	10 (2)
~~9~~	3	4	7	14 (3)
19 (3)	4 (2)	10 (3)	9 (2)	

4.

4	9	~~9~~	6	19 (3)
5	~~8~~	~~2~~	9	14 (2)
~~6~~	7	7	~~8~~	14 (2)
8	1	9	~~5~~	18 (3)
17 (3)	17 (3)	16 (2)	15 (2)	

5.

1	~~8~~	2	8	11 (3)
2	7	~~3~~	~~2~~	9 (2)
~~9~~	3	~~1~~	4	7 (2)
2	~~2~~	2	5	9 (3)
5 (3)	10 (2)	4 (2)	17 (3)	

6.

9	9	~~9~~	4	22 (3)
~~7~~	4	~~8~~	9	13 (2)
~~6~~	5	7	~~4~~	12 (2)
2	~~2~~	2	4	8 (3)
11 (2)	18 (3)	9 (2)	17 (3)	

7.

9	2	3	~~1~~	14 (3)
5	~~9~~	8	3	16 (3)
1	~~9~~	~~7~~	6	7 (2)
~~1~~	1	~~6~~	7	8 (2)
15 (3)	3 (2)	11 (2)	16 (3)	

8.

2	~~8~~	3	2	7 (3)
2	5	~~1~~	5	12 (3)
~~9~~	1	3	~~9~~	4 (2)
~~5~~	8	~~5~~	6	14 (2)
4 (2)	14 (3)	6 (2)	13 (3)	

9.

~~9~~	4	7	~~3~~	11 (2)
4	~~6~~	3	4	11 (3)
9	7	~~6~~	4	20 (3)
~~4~~	3	7	~~7~~	10 (2)
13 (2)	14 (3)	17 (3)	8 (2)	

10.

1	1	~~3~~	~~6~~	2 (2)
~~1~~	~~4~~	1	4	5 (2)
4	5	1	~~8~~	10 (3)
~~5~~	9	5	8	22 (3)
5 (2)	15 (3)	7 (3)	12 (2)	

>> BUCHSTABEN-HÜPFER

1	1. HAFT 2. BUS 3. GUT	7	1. HAUT 2. ZAHN 3. ENDE
2	1. WEH 2. TEIG 3. LEIB	8	1. MUMM 2. GRAS 3. DECO 4. INKA
3	1. IBIS 2. GEN 3. FACH	9	1. SNOB 2. GOTT 3. OPAS
4	1. KICK 2. KLUB 3. MULL	10	1. ESPE 2. GURU 3. BALL 4. FELD
5	1. MUT 2. LIFT 3. PAGE	11	1. GAST 2. BABY 3. KALK
6	1. TOUR 2. BITS 3. PELZ	12	1. BUB 2. RAD 3. HOLZ

>> ÜBERFLÜSSIGE BUCHSTABEN

1	HEI_MA_T
2	G_ART_EN
3	TR_O_G
4	_TR_ICK
5	Z_EUG_IN
6	_F_OR_M
7	S_TAFFE_L

8	G_ELEN_KE
9	_PAU_S_E
10	F_E_INDE
11	M_O_NATE
12	VORB_I_L_D
13	P_AU_SE
14	_A_KTEN

>> SCHLANGEN-WORT

1.

AHNUNG

2.

CHEFIN

3.

A
H N
Z
L A

ANZAHL

4.

T
O M
T
S O

MOTTOS

5.

H
C E
E
U S

SEUCHE

6.

E
N T
G
D U

TUGEND

7.

W
E H
C
I E

WEICHE

8.

N
U E
N
T L

TUNNEL

9.

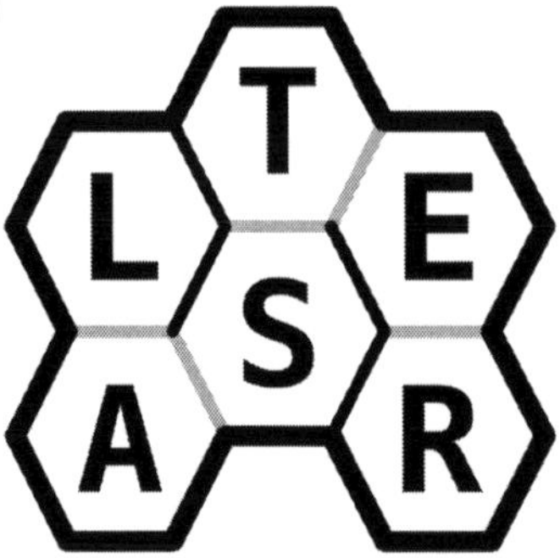

LASTER

10.

SPINNEN

11.

SPARGEL

12.

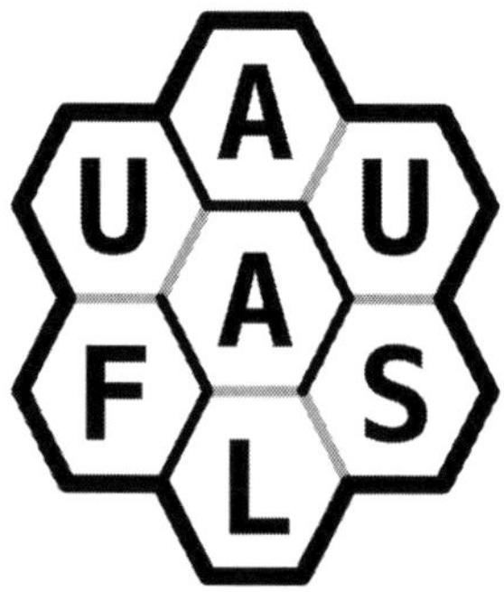

AUSLAUF

>> FEHLENDE OPERATOREN

1	(13-2)+5 = 16
2	13-20+19 = 12
3	2+20*3 = 62
4	5-4-8+6 = -1
5	5*13-9 = 56
6	18+35-27 = 26
7	(3*8)-4-4 = 16

8	(4+1+8-3) = 10
9	7-1+5*9 = 51
10	3-1+4+10 = 16
11	2+(2+7*8) = 60
12	10-(10+13) = -13
13	(1*14)+20 = 34

>> BUCHSTABEN-VERWANDLUNG

1	RJ ▹ OJ ▹ BOJ ▹ JOB
2	G ▹ GA ▹ AG ▹ GAG
3	RS ▹ RST ▹ TSR ▹ TOR
4	HW ▹ RHW ▹ RHO ▹ OHR
5	T ▹ YT ▹ TY ▹ TYP
6	AUT ▹ TUA ▹ TKA ▹ AKT

7	CO ▹ COD ▹ MOD ▹ DOM
8	E ▹ EW ▹ WE ▹ WEG
9	P ▹ PP ▹ SPP ▹ SEE
10	U ▹ UR ▹ RU ▹ RUF
11	F ▹ B ▹ IB ▹ BI ▹ BILD

LÖSUNGEN: EINFACHE AUFGABEN

>> ZAHLEN-VERWANDLUNG

1	97 ▹ 291 ▹ 29 Ergebnis: 29
2	47 ▹ 11 ▹ 117 Ergebnis: 117
3	53 ▹ 8 ▹ 58 Ergebnis: 58
4	15 ▹ 115 ▹ 119 Ergebnis: 119
5	133 ▹ 33 ▹ 3 ▹ 2 Ergebnis: 2
6	17 ▹ 71 ▹ 78 ▹ 7 Ergebnis: 7
7	169 ▹ 162 ▹ 12 ▹ 1 Ergebnis: 1

8	25 ▹ 5 ▹ 1 ▹ 91 Ergebnis: 91
9	95 ▹ 59 ▹ 159 ▹ 15 Ergebnis: 15
10	48 ▹ 488 ▹ 484 ▹ 44 Ergebnis: 44
11	47 ▹ 7 ▹ 78 ▹ 778 Ergebnis: 778
12	84 ▹ 846 ▹ 18 ▹ 8 Ergebnis: 8
13	3 ▹ 73 ▹ 173 ▹ 11 Ergebnis: 11
14	152 ▹ 15 ▹ 1 ▹ 11 Ergebnis: 11

>> WORT-SALAT

1	FAVNIGREN FA_N_G___ __V_I_REN
2	RBOACHEGEN _BO_____GEN R__ACHE___
3	TAABAKUTOS TA_BAK_____ __A____UTOS

4	NRAIHTNNE N_A_HT____ _R_T__NNE
5	FWRUSTARZE F_RUST_____ _W_____ARZE
6	BAKNUEASRT BA__UE__R_ __KN__AS_T

7	SADATUFT __D__UFT SA_AT___		11	LENOGEGE _EN_GE__ L__O__GE
8	PECKEELZE P___E_LZE _ECK_E___		12	MOLDOCUHS MO_D__U_S __L_OC_H_
9	FSTLECKALL _ST____ALL F__LECK___		13	FUCJHSONEN ___J__ONEN FUC_HS____
10	UBFEORNZE _B__O_NZE U_FE_R___		14	JOWORSGOE __WO__G_E JO__RS_O_

>> RECHNEN MIT SYMBOLEN

1	4 + 2 = 6 3 + 4 = 7 5 + 1 = 6 4 - 5 = -1 1 + 5 = 6 4 * 1 = 4		4	6 - 1 = 5 2 - 6 = -4 4 * 6 = 24 1 + 5 = 6 1 - 6 = -5 6 - 3 * 4 = -6
2	5 + 1 = 6 2 * 2 = 4 4 + 4 = 8 2 * 5 = 10 1 + 1 = 2 2 * 4 = 8		5	1 - 7 = -6 2 * 4 = 8 5 + 5 = 10 1 * 7 = 7 3 - 1 = 2 2 - 3 + 3 = 2
3	2 - 1 = 1 6 * 4 = 24 3 + 6 = 9 3 - 2 = 1 4 * 4 = 16 5 * 2 + 3 = 13		6	2 + 5 = 7 5 + 5 = 10 1 * 2 = 2 2 * 1 = 2 5 - 2 = 3 5 + 6 * 2 = 17

>> WORT-PUZZLE

1	Sonnen
2	Schuld
3	Eisbude
4	Fluchen
5	Geruch
6	Kundin

7	Mensch
8	Notspur
9	Schere
10	Sticker

>> WORT-WIRRWARR

1	TIGER
2	BILANZ
3	PASTA
4	NORDEN
5	AUSRUF
6	SCHEIN
7	COUP

8	HASCH
9	NOTEN
10	KNIRPS
11	ZEUGIN
12	GIPFEL
13	AUSTER
14	SONAR

>> ÜBERFLÜSSIGE ZIFFERN

1	1 + 10_ * 8_ = 81
2	11_ + 1_0 - 14 = 7
3	11_ * 7 + 1_3 = 90
4	8_ - 12 * 5_ = -52
5	12 * _6 + 5 * 1_0 = 122
6	10 + 14 - __6 = 18

7	11_ * _9 + 6 = 105
8	12_ * 1_2 + 4 = 148
9	12_ - 13 * _9 = -105
10	6 + 14 + __8 * 11 = 108
11	1 - 1_1 - 1 + 1_ = -10
12	13 * 6__ - 3 = 75

>> WORT-SYMBOLE

1	Sonnenschirm
2	Bilderbuch
3	Hotdog
4	Fußball
5	Sonnenbrille
6	Hundefutter

7	Kuchengabel
8	Brillenschlange
9	Türklingel
10	Erdbeereis
11	Fahrradschloss
12	Tennissocken

>> ZELLEN ENTFERNEN

1.

2	~~3~~	2	5	9 (3)
~~1~~	9	~~5~~	6	15 (2)
2	8	~~6~~	~~7~~	10 (2)
~~4~~	~~1~~	8	7	15 (2)
4 (2)	17 (2)	10 (2)	18 (3)	

2.

5	4	~~7~~	~~3~~	9 (2)
6	~~4~~	8	~~8~~	14 (2)
~~5~~	3	~~1~~	3	6 (2)
~~1~~	5	9	5	19 (3)
11 (2)	12 (3)	17 (2)	8 (2)	

3.

6	6	1	~~2~~	13 (3)
~~1~~	8	~~2~~	7	15 (2)
3	~~3~~	7	~~7~~	10 (2)
7	~~9~~	~~2~~	9	16 (2)
16 (3)	14 (2)	8 (2)	16 (2)	

4.

~~6~~	1	2	~~5~~	3 (2)
6	~~9~~	1	6	13 (3)
3	~~1~~	~~2~~	6	9 (2)
~~7~~	3	~~9~~	5	8 (2)
9 (2)	4 (2)	3 (2)	17 (3)	

5.

5	~~7~~	8	~~8~~	13 (2)
~~5~~	~~8~~	1	8	9 (2)
~~3~~	4	~~1~~	8	12 (2)
4	8	~~5~~	2	14 (3)
9 (2)	12 (2)	9 (2)	18 (3)	

6.

~~8~~	7	9	~~8~~	16 (2)
1	~~5~~	~~9~~	1	2 (2)
~~4~~	2	2	~~8~~	4 (2)
3	3	~~8~~	5	11 (3)
4 (2)	12 (3)	11 (2)	6 (2)	

7.

~~4~~	6	~~7~~	4	10 (2)
2	~~3~~	3	~~6~~	5 (2)
4	~~5~~	3	~~7~~	7 (2)
2	9	~~2~~	4	15 (3)
8 (3)	15 (2)	6 (2)	8 (2)	

8.

2	8	2	~~6~~	12 (3)
3	~~8~~	~~7~~	9	12 (2)
~~5~~	~~1~~	1	3	4 (2)
~~1~~	6	6	~~1~~	12 (2)
5 (2)	14 (2)	9 (3)	12 (2)	

9.

7	4	~~1~~	~~8~~	11 (2)
~~1~~	5	9	2	16 (3)
3	~~4~~	~~7~~	2	5 (2)
2	~~5~~	1	~~2~~	3 (2)
12 (3)	9 (2)	10 (2)	4 (2)	

10.

7	~~1~~	4	4	15 (3)
2	~~3~~	8	~~9~~	10 (2)
~~6~~	3	7	~~3~~	10 (2)
~~4~~	4	~~8~~	4	8 (2)
9 (2)	7 (2)	19 (3)	8 (2)	

>> RECHEN-HÜPFER

1	1. 5*14 = 70 2. 5*5 = 25 3. 4+20 = 24	6	1. 1*18 = 18 2. 20+4 = 24 3. 20+19 = 39
2	1. 1-8 = -7 2. 4+11 = 15 3. 1*5 = 5	7	1. 19*9 = 171 2. 10*17 = 170 3. 12*12 = 144
3	1. 7+3 = 10 2. 3*1 = 3 3. 15+18 = 33	8	1. 13+2 = 15 2. 12*13 = 156 3. 14/14 = 1
4	1. 19+18 = 37 2. 7+18 =25 3. 11-20 = -9	9	1. 2+22 = 24 2. 6*22 = 132 3. 21+30 = 51
5	1. 17*6 = 102 2. 13*5 = 65 3. 8+15 = 23	10	1. 1+12 = 13 2. 14*10 = 140 3. 11*14 = 154

>> ZIEL-RECHNEN

1	10 + 12 * 6 = 82
2	9 * (11 + 3) = 126
3	6 * 11 - 2 = 64
4	914 - 11 = 903
5	16 / (16 – 14) = 8
6	9 + 717 = 726

7	16 * (18 - 1) = 272
8	11 * (15 - 2) = 143
9	12 * (8 - 7) = 12
10	2 * (7 + 20) = 54
11	15 * 11 - 14 = 151
12	(18 + 19) / 12 = 3

>> BUCHSTABEN-HÜPFER

1	1. SONG 2. TERM 3. SEEN	7	1. PUNKT 2. GRAD 3. ROSTE
2	1. REISE 2. BAND 3. ELAN	8	1. BOSSE 2. HASS 3. BAUCH
3	1. OXYD 2. BOXEN 3. GAG	9	1. SONG 2. HUFE 3. STEIN
4	1. MATHE 2. KRIEG 3. OLDIE	10	1. START 2. NUTZER 3. TASTER
5	1. PAGEN 2. DRECK 3. ROTTE	11	1. INSEKT 2. MUSEEN 3. MAPPE
6	1. KOHLE 2. BLOCK 3. PAPEL	12	1. ERBEN 2. FABRIK 3. ASIATE

>> ÜBERFLÜSSIGE BUCHSTABEN

1	_P_LAGEN
2	_O_R_DEN
3	KIEF_E_R
4	FLIE_D_ER
5	_REG_ELN
6	AM_TS_WEG
7	KR_EIS_EL

8	_EHEF_RAU
9	AC_H_TEL
10	_AG_EN_TUR
11	GLEI_TE_N
12	TAT_Z_E
13	P_RE_ISE
14	TI_ER_E

>> WORT-SCHLANGEN

1.

SPATZEN

2.

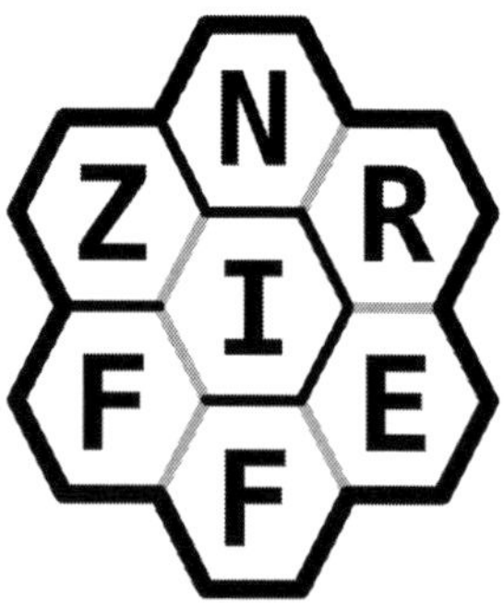

ZIFFERN

3.

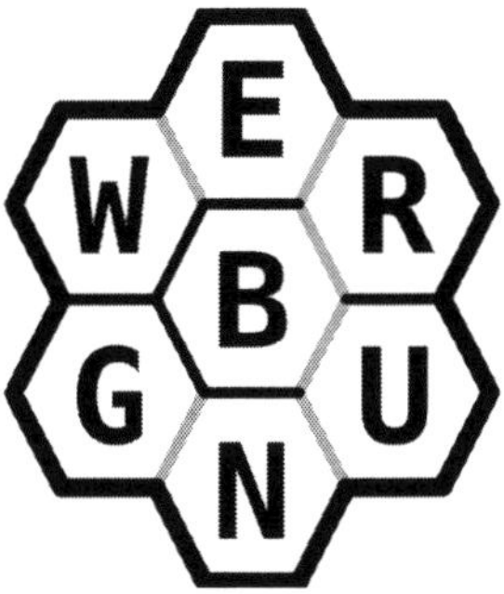

WERBUNG

4.

EIGNUNG

5.

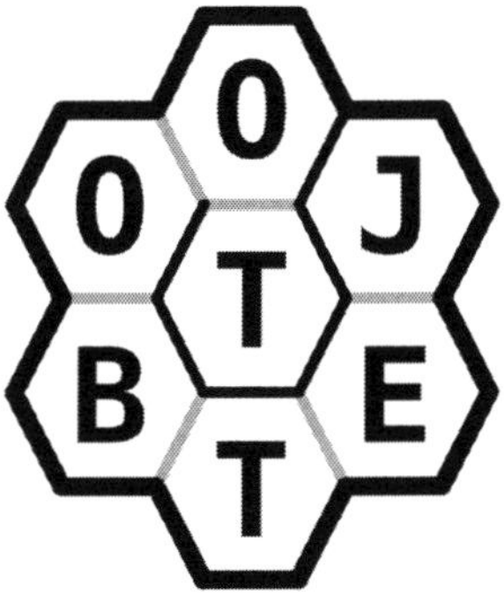

JETBOOT

6.

AUFLAGE

7.

WETTSTREIT

8.

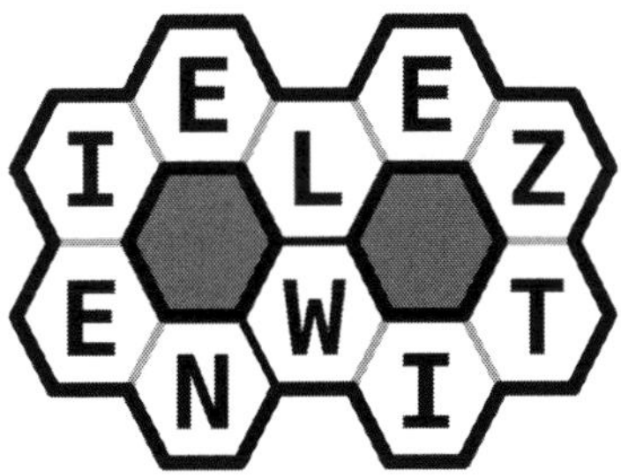

WITZELEIEN

9.

LERNSTUNDE

10.

RUDERBOOTE

11.

FESTPUNKTE

12.

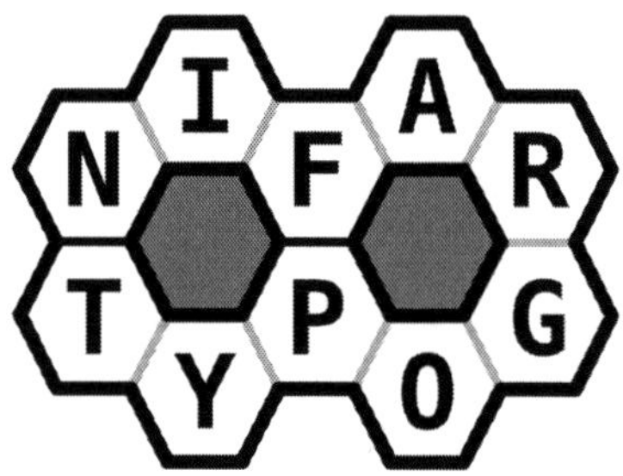

TYPOGRAFIN

FEHLENDE OPERATOREN

1	4*18+1 = 73
2	18-(7*2) = 4
3	4+(16-8) = 12
4	(8-5)*17 = 51
5	8*3+4-10 = 18
6	1-(9-6)*4 = -11
7	(8+1)*5+3 = 48

8	(2-6-4)*2 = -16
9	1*10/6*3 = 5
10	18-24/4 = 12
11	1-20/4 = -4
12	3+13+4-5 = 15
13	10*2+(2*6) = 32
14	(8/4*7)+3 = 17

>> SCHLANGEN-RECHNEN

1. Ergebnis: 2-6/2-5 = -6

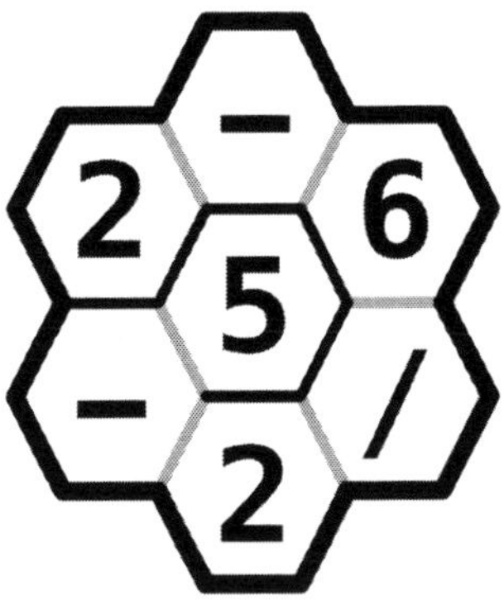

2. Ergebnis: 9-9-4*8 = -32

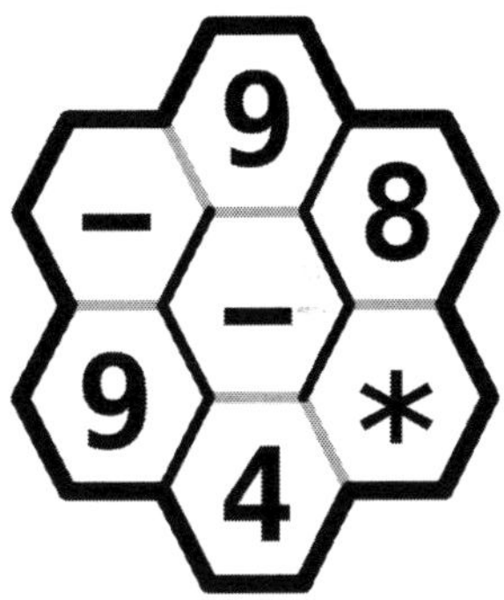

3. Ergebnis: 3-9-2+1 = -7

4. Ergebnis: 6-3+3/3 = 4

5. Ergebnis: 5+3*8+9 = 38

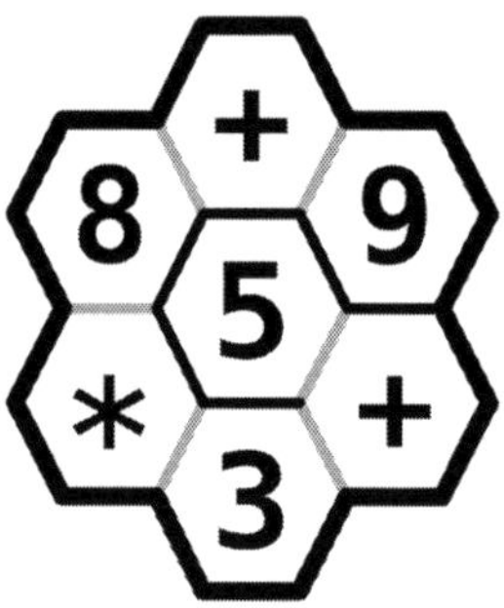

6. Ergebnis: 1*9*8+3 = 75

7. Ergebnis: 3*10-6-5 = 19

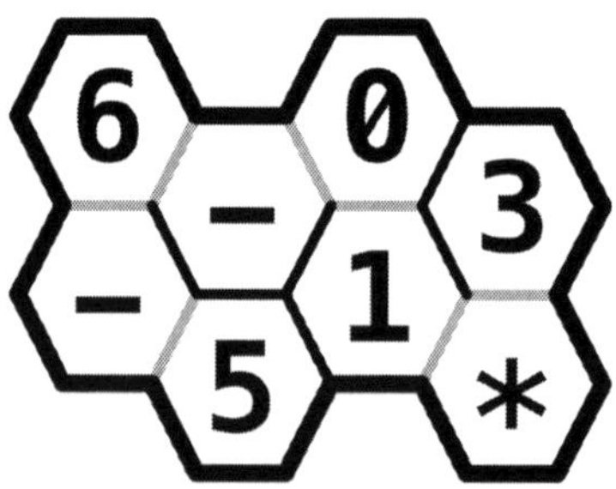

8. Ergebnis: 10+2/2-9 = 2

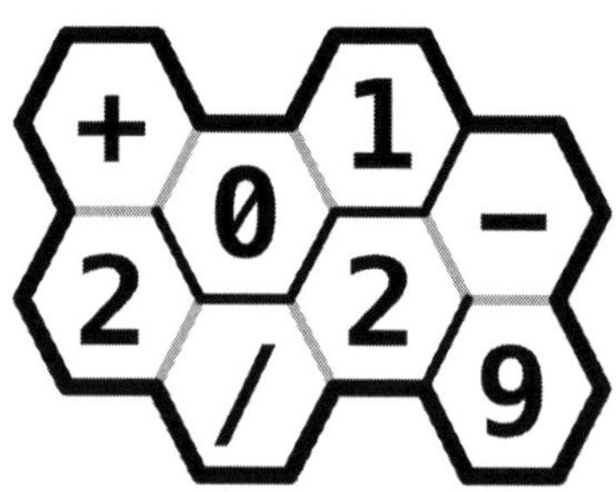

9. Ergebnis: 10-6-1+3 = 6

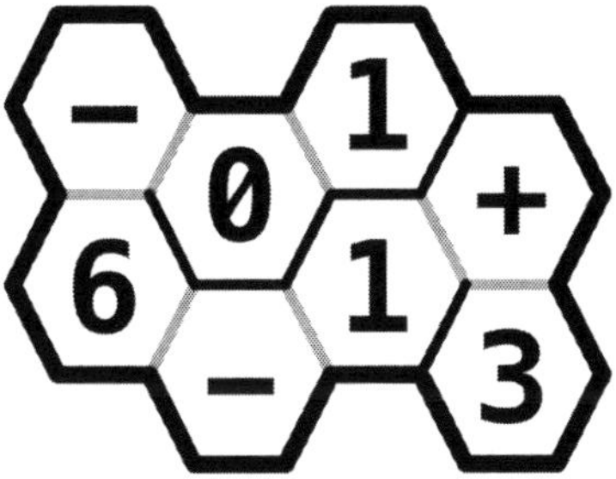

10. Ergebnis: 10-1*5*6 = -20

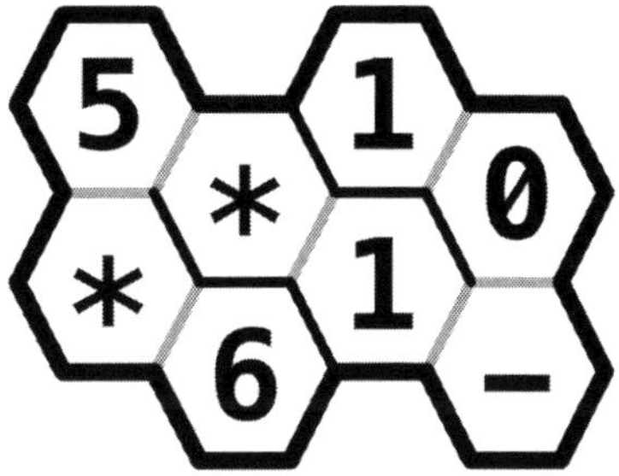

>> STÄBCHEN UMLEGEN (WORTE)

Legen Sie in jedem Buchstaben ein Stäbchen um, damit sich ein Wort der deutschen Sprache ergibt.

1	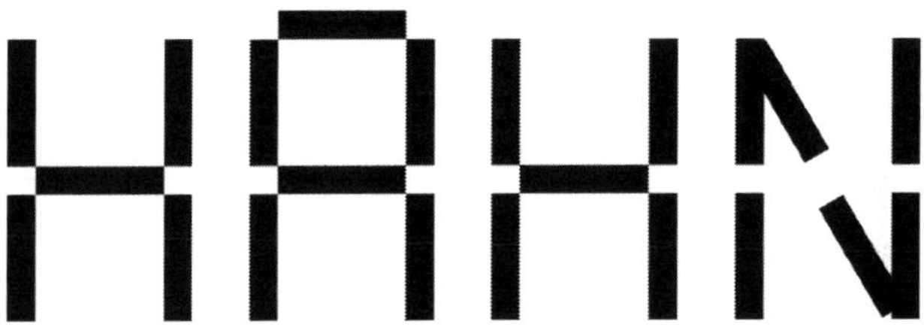
2	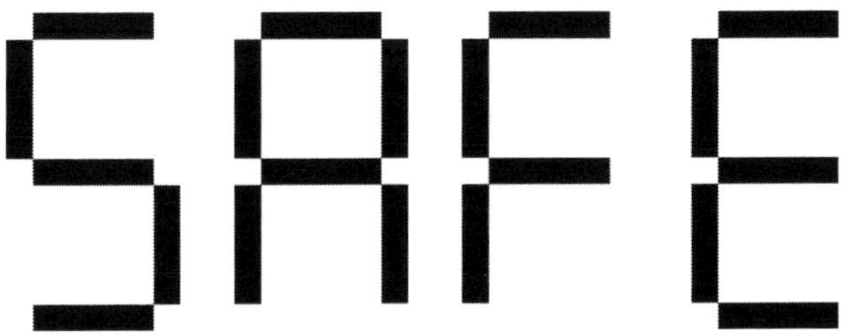

3	SAUM
4	FANS
5	MANN
6	NORM

7	NASE
8	WARE
9	HEER
10	REUE

11	PAAR
12	AKKU

>> BUCHSTABEN-VERWANDLUNG

1	P ▹ G ▹ GE ▹ ENGE
2	H ▹ A ▹ APO ▹ OPA
3	N ▹ SEN ▹ NES ▹ NEST
4	A ▹ RA ▹ AR ▹ HAAR
5	E ▹ BE ▹ BEI ▹ BEIL
6	H ▹ N ▹ HN ▹ HOHN

7	O ▹ U ▹ UB ▹ PUB
8	A ▹ B ▹ IB ▹ LEIB
9	Z ▹ W ▹ WA ▹ WABE
10	E ▹ T ▹ TUW ▹ WUT
11	W ▹ T ▹ TRA ▹ ART
12	KE ▹ EK ▹ SIEK ▹ KIES

LÖSUNGEN: MITTELSCHWERE AUFGABEN

>> ZAHLEN-VERWANDLUNG

1	76 ▹ 768 ▹ 867 Ergebnis: 867
2	61 ▹ 361 ▹ 722 Ergebnis: 722
3	452 ▹ 52 ▹ 2 ▹ 62 Ergebnis: 62
4	112 ▹ 2 ▹ 22 ▹ 110 Ergebnis: 110
5	495 ▹ 18 ▹ 1 ▹ 14 Ergebnis: 14
6	493 ▹ 489 ▹ 9 ▹ 93 Ergebnis: 93
7	18 ▹ 23 ▹ 32 ▹ 328 Ergebnis: 328

8	323 ▹ 329 ▹ 39 ▹ 9 Ergebnis: 9
9	203 ▹ 302 ▹ 5 ▹ 53 Ergebnis: 53
10	156 ▹ 780 ▹ 80 ▹ 380 Ergebnis: 380
11	264 ▹ 462 ▹ 46 ▹ 10 Ergebnis: 10
12	214 ▹ 206 ▹ 20 ▹ 205 Ergebnis: 205
13	338 ▹ 14 ▹ 914 ▹ 91 Ergebnis: 91
14	141 ▹ 6 ▹ 96 ▹ 9 Ergebnis: 9

>> BUCHSTABEN-HÜPFER

1	1. RAD, 2. LEGEN, 3. TIPP
2	1. HELM, 2. MEER, 3. ESEL
3	1. HUT, 2. KLANG, 3. MILCH
4	1. DOM, 2. ANZUG, 3. LOGIK
5	1. FOLGE, 2. TAPS, 3. BOSS
6	1. JAHR, 2. STARS, 3. SUMPF
7	1. LOHN, 2. SONDE, 3. FADEN
8	1. TITEL, 2. REHE, 3. AKTEN
9	1. KREIS, 2. KURSE, 3. HEERE
10	1. ORBIT, 2. WADEN, 3. MOORE

>> WORT-SALAT

1	FA___HRT_ __WER___T	8	__B__OXER TA_UE____
2	_BL_E_C_H E__N_T_E_	9	_T_R_AN_K W_E_G__E_
3	H_E__RDE__ _B_EL___AG	10	_L__A__UB E_MA_IL__
4	_B_R_U_CH L_E_C_K__	11	_E__R__PEL A_GE_NT___
5	A_M___ME_N _B_ERG__E_	12	K_E__T_LE_ _U_NF_U__G
6	MO__S_E__ __WO_N_NE	13	M_OOR__E_ _E___NT_E
7	PE_G__EL_ __W_AH__L	14	_K_O__R_D A_N_ZU_G_

>> RECHNEN MIT SYMBOLEN

1	1 * 1 - 7 = -6 7 * 1 + 6 = 13 1 * 6 * 2 = 12 7 + 6 - 7 = 6 2 - 4 + 3 = 1 5 - 7 - 2 = -4
2	3 + 5 + 3 = 11 2 - 4 + 4 = 2 4 * 5 - 2 = 18 7 + 4 * 6 = 31 3 - 6 + 2 = -1 6 - 6 * 5 = -24
3	7 * 8 * 2 = 112 7 * 3 + 3 = 24 7 - 6 - 8 = -7 1 * 8 + 6 = 14 3 * 6 - 1 = 17 6 + 2 * 5 = 16

4	6 - 8 * 2 = -10 6 - 4 - 5 = -3 8 * 6 - 4 = 44 1 * 7 - 4 = 3 3 * 6 - 2 = 16 4 + 1 + 4 = 9
5	9 * 3 + 1 = 28 7 + 2 + 1 = 10 4 + 6 - 5 = 5 4 + 4 + 9 = 17 1 - 7 * 8 = -55 4 * 8 - 6 = 26
6	4 * 9 * 5 = 180 6 - 8 + 7 = 5 3 - 4 - 3 = -4 9 * 1 - 5 = 4 9 - 5 * 2 = -1 5 - 3 + 3 = 5

>> WORT-PUZZLE

1	Tapeten
2	Stofftier

3	Buffets
4	Denkart
5	Fanclub
6	Hybride
7	Infusion
8	Pionier

>> WORT-WIRRWARR

1	SPITZE
2	ZAHNWEH
3	KATALOG
4	OPTIK
5	MEHRZAHL
6	ATEMZUG
7	JUNGFER

8	UNRECHT
9	PLOMBE
10	PROGNOSE
11	SKRIPT
12	AUSSAGE
13	HEIMTIER
14	VALUTA

>> ÜBERFLÜSSIGE ZIFFERN

1	_14 + 2 - 1_2 = 4
2	11 * __9 + 4 = 103
3	_6 + 15 + 12_ = 33
4	7 - 1__1 + 3 * 11 = 29
5	_14 - 8_ * 3 = -10
6	1 * 14_ * 3_ - 13 = 29

7	1_1 * 15 + 1_1 + 5 = 181
8	14_ * 11_ + 5 = 159
9	2 / 1_ + 9 * 1_4 = 128
10	4 * 11 + 10 * 1__5 = 194
11	1_3 + 15 * _1 + 9 = 37
12	6 + 14 + __8 * 11 = 108

>> WORT-SYMBOLE

1	Kaminholz
2	Liebesbrief
3	Schlittenhund
4	Fingerhut
5	Brotkorb
6	Schlossgespenst

7	Ferienflieger
8	Weinkönigin
9	Windhund
10	Fingernagel
11	Flaschenpost
12	Zahnkrone

>> ZELLEN ENTFERNEN

1.

~~5~~	1	~~1~~	4	2	7 (3)
8	~~3~~	3	7	~~3~~	18 (3)
9	~~8~~	9	~~3~~	5	23 (3)
~~3~~	4	9	3	~~1~~	16 (3)
6	9	~~5~~	~~9~~	2	17 (3)
23 (3)	14 (3)	21 (3)	14 (3)	9 (3)	

2.

6	6	7	~~8~~	~~5~~	19 (3)
5	4	~~6~~	6	~~4~~	15 (3)
~~1~~	~~6~~	3	4	1	8 (3)
6	~~2~~	2	~~5~~	4	12 (3)
~~8~~	5	~~3~~	2	2	9 (3)
17 (3)	15 (3)	12 (3)	12 (3)	7 (3)	

3.

~~4~~	4	5	~~9~~	5	14 (3)
8	~~4~~	~~3~~	2	2	12 (3)
8	~~8~~	5	8	~~5~~	21 (3)
~~2~~	8	~~4~~	1	4	13 (3)
9	1	1	~~9~~	~~5~~	11 (3)
25 (3)	13 (3)	11 (3)	11 (3)	11 (3)	

4.

~~3~~	5	9	1	~~5~~	15 (3)
~~7~~	8	3	~~8~~	5	16 (3)
3	~~6~~	~~9~~	7	3	13 (3)
7	3	6	~~3~~	~~1~~	16 (3)
5	~~9~~	~~3~~	8	8	21 (3)
15 (3)	16 (3)	18 (3)	16 (3)	16 (3)	

5.

~~7~~	8	~~8~~	7	2	17 (3)
9	2	2	~~5~~	~~3~~	13 (3)
1	2	~~2~~	4	~~1~~	7 (3)
~~9~~	~~3~~	1	3	1	5 (3)
2	~~7~~	3	~~4~~	1	6 (3)
12 (3)	12 (3)	6 (3)	14 (3)	4 (3)	

6.

6	3	~~6~~	4	~~2~~	13 (3)
~~9~~	~~2~~	1	8	4	13 (3)
3	1	2	~~5~~	~~8~~	6 (3)
~~4~~	6	~~6~~	6	1	13 (3)
7	~~3~~	1	~~6~~	6	14 (3)
16 (3)	10 (3)	4 (3)	18 (3)	11 (3)	

7.

~~2~~	1	3	9	~~4~~	13 (3)
1	~~8~~	9	~~1~~	1	11 (3)
3	~~1~~	~~2~~	2	7	12 (3)
2	2	5	~~4~~	~~8~~	9 (3)
~~3~~	5	~~1~~	6	2	13 (3)
6 (3)	8 (3)	17 (3)	17 (3)	10 (3)	

8.

8	~~7~~	7	6	~~9~~	21 (3)
4	4	~~9~~	~~8~~	8	16 (3)
7	~~6~~	~~1~~	9	4	20 (3)
~~3~~	1	4	~~2~~	3	8 (3)
~~9~~	2	3	9	~~4~~	14 (3)
19 (3)	7 (3)	14 (3)	24 (3)	15 (3)	

9.

4	~~4~~	8	~~8~~	6	18 (3)
~~3~~	1	1	~~9~~	4	6 (3)
2	5	~~7~~	2	~~9~~	9 (3)
~~3~~	1	8	6	~~2~~	15 (3)
6	~~7~~	~~3~~	5	4	15 (3)
12 (3)	7 (3)	17 (3)	13 (3)	14 (3)	

10.

2	~~1~~	~~6~~	9	4	15 (3)
~~8~~	2	6	7	~~2~~	15 (3)
8	~~7~~	2	~~4~~	3	13 (3)
~~2~~	8	7	8	~~9~~	23 (3)
6	3	~~7~~	~~1~~	4	13 (3)
16 (3)	13 (3)	15 (3)	24 (3)	11 (3)	

>> RECHEN-HÜPFER

1	1. 24*7 = 168 2. 18+23 = 41 3. 3-24 = -21	6	1. 16-26 = -10 2. 12+17 = 29 3. 2+12-9 = 5
2	1. 2+19 = 21 2. 3-27 = -24 3. 1+17 = 18	7	1. 8-19-6 = -17 2. 26+1 = 27 3. 12*13 = 156
3	1. 13+19 = 32 2. 21-22 = -1 3. 22*8 = 176	8	1. 16+40 = 56 2. 16-32 = -16 3. 18+32 = 50
4	1. 16+5+2 = 23 2. 11+4 = 15 3. 15*4 = 60	9	1. 17+13 = 30 2. 10-22 = -12 3. 15+20 = 35
5	1. 2+12 = 14 2. 22-10 = 12 3. 26*4+9 = 113	10	1. 38+33 = 71 2. 30+38 = 68 3. 11-36 = -25

>> ZIEL-RECHNEN

1	26 + 16 = 42
2	25 * (28 - 20) = 200
3	(31 + 19) / 10 = 5
4	16 + 34 * 12 = 424
5	29 + 366 = 395
6	19 * 20 - 31 = 349

7	30 / 2 – 14 = 1
8	4 * (36 - 4) = 128
9	228 - 3 = 225
10	310 + 5 * 9 = 355
11	9 * (51 - 10) = 369
12	2 + 9 * (9 - 2) = 65

>> ÜBERFLÜSSIGE BUCHSTABEN

1	_BA_NDI_T
2	U_M_WEL_T
3	_RAD_I_O
4	_DA_UNE_N
5	_G_EH_ALT
6	_AH_N_EN
7	SCH_WE_R_T

8	E_I_NH_EIT
9	FE_DE_R_N
10	_BLU_T_UNG
11	_P_RINZ_IP
12	M_AR_KE_N
13	RE_G_I_ON
14	BE_SU_C_HE

>> SCHLANGEN-WORT

1.

KNOSPEN

2.

ARKADEN

3.

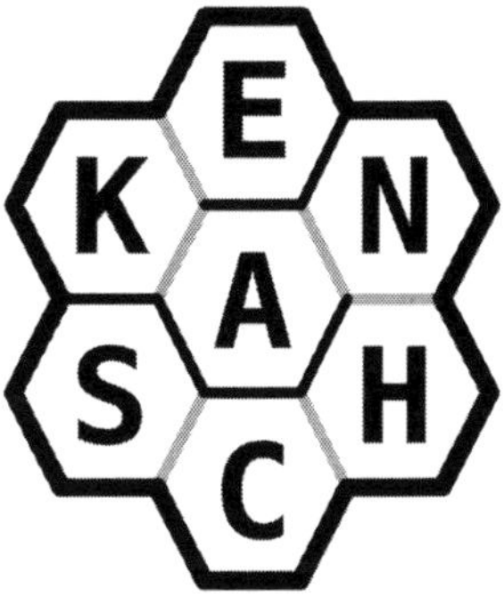

SCHNAKE

4.

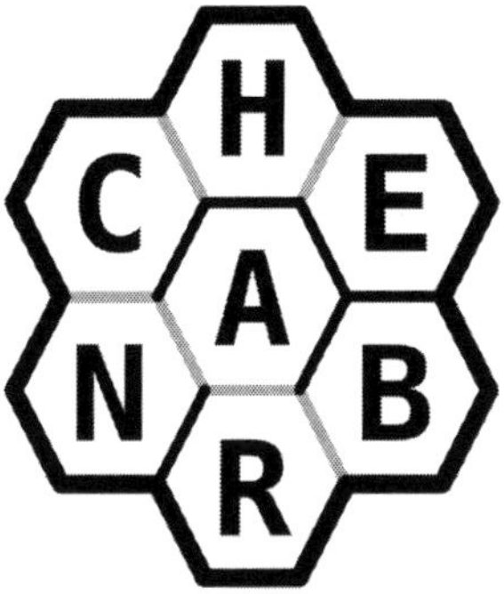

BRANCHE

5.

RUNDFLUG

6.

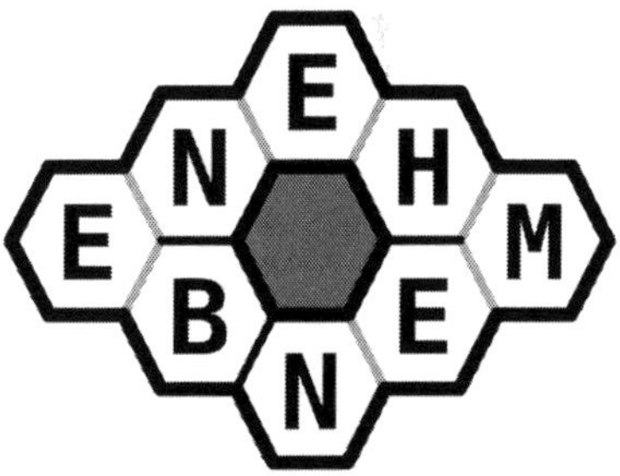

BENEHMEN

7.

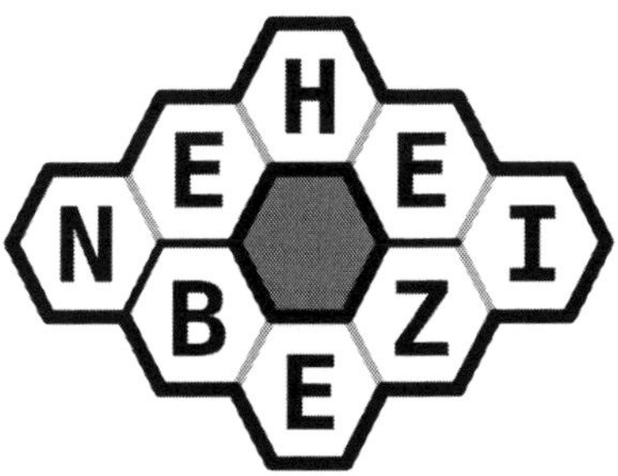

BEZIEHEN

8.

SYNDROME

9.

ENDSPIEL

10.

ABBUCHEN

11.

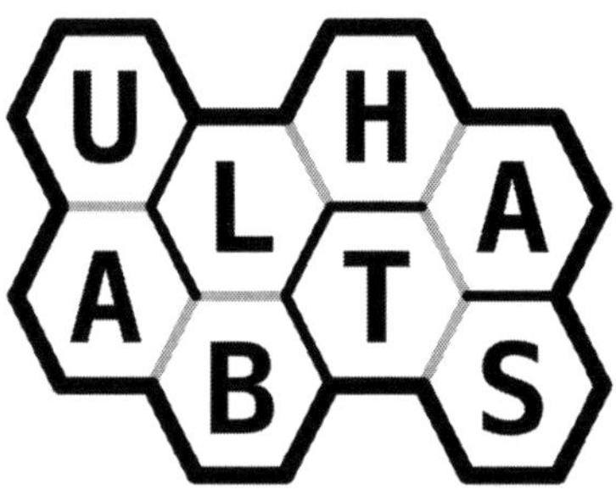

STAHLBAU

>> FEHLENDE OPERATOREN

1	2*(19+(13+17)) = 98
2	7*(8-6+4) = 42
3	15-3+(1+18) = 31
4	18*(12-2)-10 = 170
5	(14+11)+9-6 = 28
6	14*12+6+18 = 192
7	3+11+10*20 = 214
8	(1+19)-13+16 = 23
9	7-18*14+14 = -231
10	2+8+8*17 = 146

11	10*(20+6-17) = 90
12	3*9+7*5 = 62
13	(5-7)+14-2 = 10
14	2+19-16+8 = 13
15	(1*16)+10-11 = 15
16	13-20+2+3 = -2
17	(8*6)+(5*5) = 73
18	10/10+9*4 = 37
19	19-((3*7)+3) = -5
20	((11-4)+5)*11 = 132

>> SCHLANGEN-RECHNEN

1. Ergebnis: 3*10-6-5 = 19

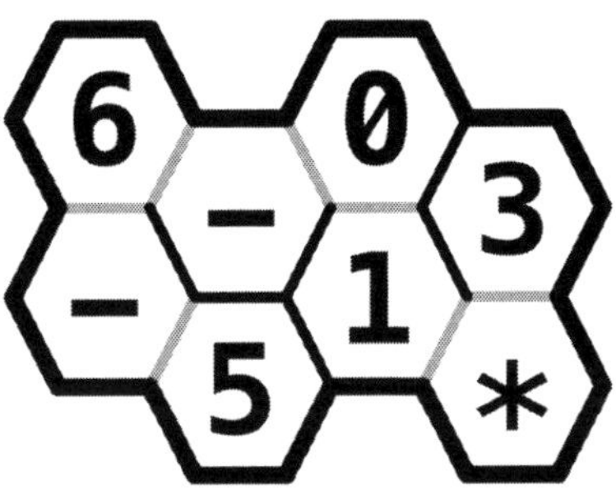

2. Ergebnis: 4-7*5+10 = -21

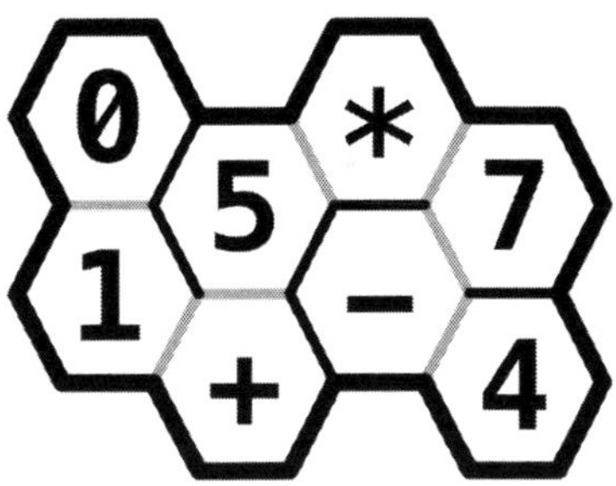

3. Ergebnis: 8+4/10*5 = 10

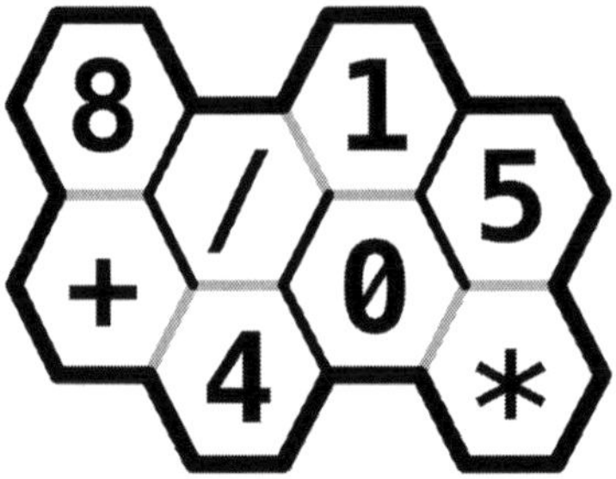

4. Ergebnis: 1+3-2*10 = -16

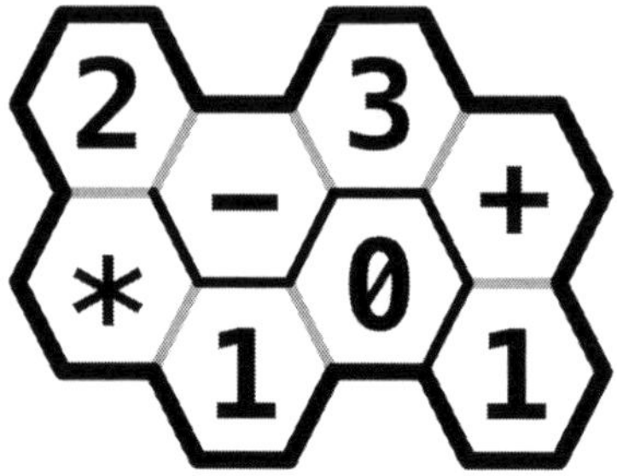

5. Ergebnis: 3*10-6*1 = 24

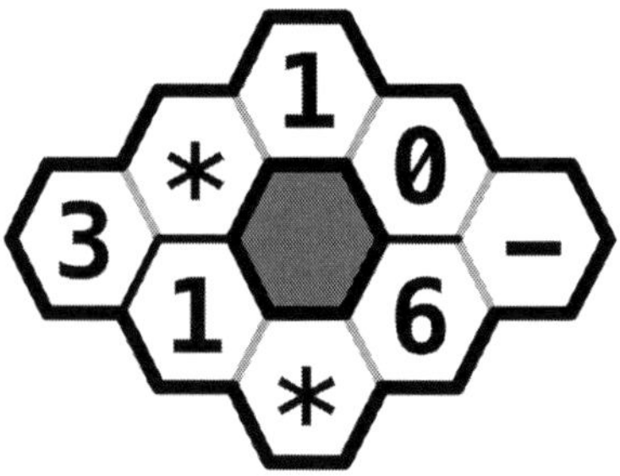

6. Ergebnis: 2+10/2*2 = 12

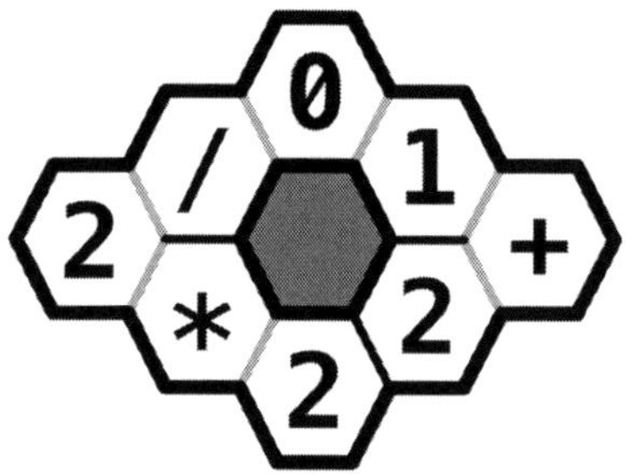

7. Ergebnis: 10*8+2/1 = 82

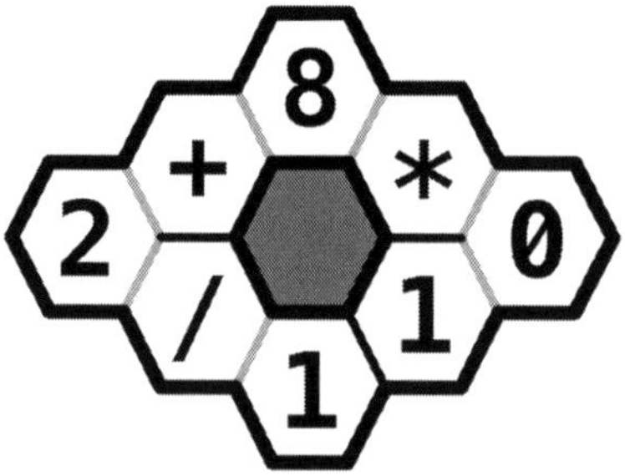

8. Ergebnis: 2*10/5*2 = 8

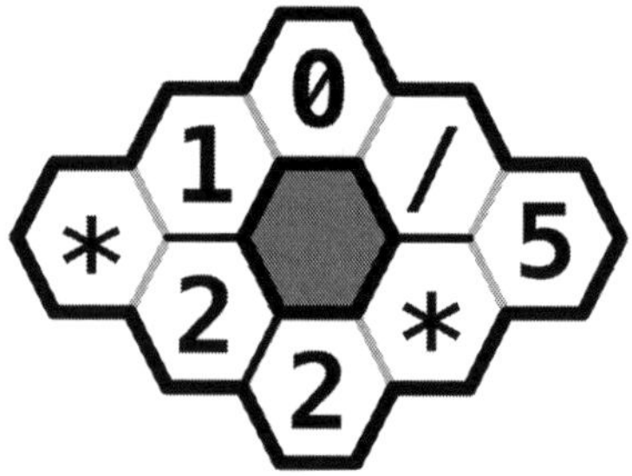

9. Ergebnis: 10+7*5-7 = 38

10. Ergebnis: 7-9/1-10 = -12

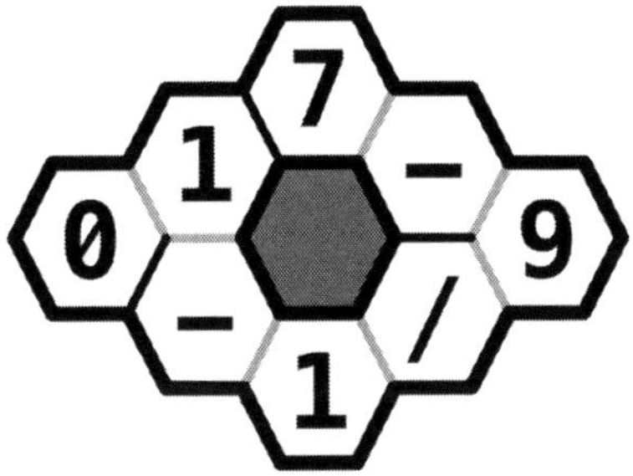

>> BUCHSTABEN-VERWANDLUNG

1	UM ▹ UQ ▹ QU ▹ QUIZ
2	BH ▹ BE ▹ BEHM ▹ LEHM
3	UAC ▹ UAI ▹ UAIM ▹ MIAU
4	SN ▹ KN ▹ NK ▹ PUNK
5	AEU ▹ UEA ▹ EUA ▹ AUE
6	B ▹ I ▹ IE ▹ IETG ▹ TEIG

7	B ▹ O ▹ D ▹ X ▹ BOX
8	ER ▹ RE ▹ REIZ ▹ TEIZ ▹ ZEIT
9	L ▹ S ▹ IS ▹ IST ▹ MIST
10	D ▹ T ▹ L ▹ LA ▹ LAST
11	YN ▹ NY ▹ NH ▹ DUNH ▹ HUND
12	IL ▹ LI ▹ LIZ ▹ ZIL ▹ NIL

LÖSUNGEN: SCHWERE AUFGABEN

>>

>> ZAHLEN-VERWANDLUNG

1	205 ▹ 20 ▹ 920 ▹ 919 Ergebnis: 919 Erklärung: Die Zahl Null ist gerade.
2	382 ▹ 82 ▹ 328 ▹ 823 Ergebnis: 823
3	96 ▹ 6 ▹ 26 ▹ 29 ▹ 9 Ergebnis: 9
4	53 ▹ 35 ▹ 3 ▹ 6 ▹ 36 Ergebnis: 36
5	96 ▹ 9 ▹ 13 ▹ 113 ▹ 11 Ergebnis: 11
6	87 ▹ 7 ▹ 16 ▹ 1 ▹ 81 Ergebnis: 81
7	33 ▹ 3 ▹ 23 ▹ 18 ▹ 8 Ergebnis: 8
8	30 ▹ 3 ▹ 15 ▹ 1 ▹ 91 Ergebnis: 91 Erklärung: Die Zahl Null ist gerade.
9	96 ▹ 69 ▹ 9 ▹ 19 ▹ 1 Ergebnis: 1
10	166 ▹ 1 ▹ 81 ▹ 18 ▹ 188 Ergebnis: 188
11	146 ▹ 14 ▹ 4 ▹ 13 ▹ 31 Ergebnis: 31
12	187 ▹ 192 ▹ 12 ▹ 21 ▹ 2 Ergebnis: 2

13	64 ▹ 46 ▹ 39 ▹ 3 ▹ 83 Ergebnis: 83
14	159 ▹ 951 ▹ 51 ▹ 6 ▹ 65 Ergebnis: 65

>> WORT-SALAT

1	B__OR___EN _BU__CHT__
2	_P_I_E_R_ B_O_N_Z_E
3	HE_UE_R___ __M__O_DUL
4	__A_M_PELN LA_U_B____
5	___Z_ED__ER TAK_T__IK__
6	__HE__I_DE MO__DU_S__
7	_ZEU_G_E__ N___A_S_EN

8	_KN_A_BE__ L__I_T__ER
9	___PA_NT__ER KLO__B__EN__
10	__RU_P__I_EN ZU__F_AL_L__
11	_AN_RUF_E_ R__U___H_M
12	_G__R_I_FFE H_UP_E_N___
13	_R_O_H_E_I_T K_E_L_L_E_R_
14	_KU__L_T_E_ W__ES_I_R_E

>> RECHNEN MIT SYMBOLEN

1	3 * 7 * 2 = 42 3 + 7 - 1 = 9 5 + 1 * 6 = 11 4 + 9 + 8 = 21 5 - 7 * 7 = -44 7 - 6 * 9 = -47
2	14 + 11 = 25 10 * 12 = 120 7 - 15 + 1 = -7 7 - 10 * 5 = -43 3 - 13 + 2 = -8 13 + 1 - 2 = 12
3	11 * 10 = 110 10 - 13 = -3 14 * 12 = 168 10 * 2 - 9 = 11 12 * 8 * 1 = 96 3 * 12 - 9 = 27
4	14 - 12 = 2 13 - 10 = 3 5 + 1 + 2 = 8 4 * 2 * 1 = 8 9 * 13 + 4 = 121 10 + 4 * 8 = 42

5	10 - 4 - 5 = 1 9 + 14 * 2 = 37 11 * 3 - 13 = 20 12 - 15 - 3 = -6 15 - 12 * 2 = -9 8 - 3 + 9 * 5 = 50
6	4 * 10 + 9 = 49 4 * 15 + 5 = 65 8 * 14 - 3 = 109 10 + 4 + 9 = 23 7 + 14 + 5 = 26 12 + 15 * 9 = 147
7	30 - 2 - 9 = 19 3 * 4 + 39 = 51 24 - 5 - 3 = 16 34 + 1 + 32 = 67 31 - 6 - 44 = -19 2 - 43 - 38 = -79
8	42 + 2 - 3 = 41 3 * 31 - 50 = 43 46 + 1 + 35 = 82 3 - 18 + 34 = 19 28 - 9 + 49 = 68 36 * 4 - 10 = 134

>> WORT-WIRRWARR

1	MELODIE
2	URSPRUNG
3	GEMEINDE
4	TAUFPATE
5	ABBILDER
6	REDNERIN
7	PLANKTON
8	QUATSCH

9	BANDAGE
10	MOBILIAR
11	BRANCHE
12	LEIMHOLZ
13	AUFSEHER
14	FIALEN
15	SEILZUG
16	APOTHEKE

>> ÜBERFLÜSSIGE ZIFFERN

1	48 * 10_ / 4 - _34_ = 86
2	22 + 2_0 - 3__5 + 49 = 56
3	6 + 25_ - 5 * 18__ = -59
4	22 - 48 + 4_6 - _34_ = -14
5	1_0 * 4 - 36 - 3__2 = -28
6	3___3 + 17 + 6 + 3 = 59

7	10_ * 1_2 / 5 - 2_ + 8 * 5 = 62
8	27 + 4_2 / 6 * 2__7 = 216
9	1__0 * 41 + 2_6 + 5 = 441
10	_2__4 + 13 + 10 - 8 = 39
11	27 - 33 + 2 * 1_9__ = 32
12	4_2 - __18 + 28 - 23 = 29

>> WORT-SYMBOLE

1	Windkraft
2	Kernspaltung
3	Teufelskerl
4	Kindergarten
5	Couchsurfen
6	Brückenkopf

7	Windpark
8	Blumenmeer
9	Zeitungsente
10	Sternenzelt
11	Eiswürfel
12	Wasserkraft

>> ZELLEN ENTFERNEN

1.

~~8~~	5	8	5	4	9	31 (5)
6	6	~~5~~	3	8	2	25 (5)
3	8	9	~~4~~	~~7~~	9	29 (4)
8	~~7~~	2	7	1	~~3~~	18 (4)
5	6	6	5	4	~~5~~	26 (5)
1	6	~~6~~	~~2~~	5	7	19 (4)
23 (5)	31 (5)	25 (4)	20 (4)	22 (5)	27 (4)	

2.

2	5	2	3	~~7~~	8	20 (5)
5	8	2	~~4~~	5	5	25 (5)
1	5	~~6~~	6	2	1	15 (5)
~~7~~	5	3	6	~~4~~	2	16 (4)
~~3~~	9	8	~~2~~	5	~~8~~	22 (3)
6	~~6~~	8	9	8	7	38 (5)
14 (4)	32 (5)	23 (5)	24 (4)	20 (4)	23 (5)	

3.

9	7	~~1~~	7	7	6	36 (5)
2	7	4	4	~~3~~	3	20 (5)
1	~~7~~	~~3~~	2	5	~~9~~	8 (3)
6	7	4	~~2~~	6	2	25 (5)
~~8~~	7	~~6~~	9	3	9	28 (4)
1	4	1	7	~~4~~	1	14 (5)
19 (5)	32 (5)	9 (3)	29 (5)	21 (4)	21 (5)	

4.

~~7~~	5	9	~~5~~	8	1	23 (4)
9	1	4	8	9	~~2~~	31 (5)
5	2	3	8	2	~~8~~	20 (5)
8	~~2~~	8	8	7	5	36 (5)
7	~~9~~	~~7~~	3	~~9~~	7	17 (3)
8	4	6	5	~~6~~	6	29 (5)
37 (5)	12 (4)	30 (5)	32 (5)	26 (4)	19 (4)	

5.

~~2~~	~~9~~	2	~~5~~	9	4	15 (3)
~~1~~	~~3~~	2	5	3	6	16 (4)
8	5	8	2	4	~~4~~	27 (5)
7	6	7	5	~~3~~	4	29 (5)
3	9	~~1~~	4	7	4	27 (5)
2	6	6	1	2	~~1~~	17 (5)
20	26	25	17	25	18	
(4)	(4)	(5)	(5)	(5)	(4)	

6.

4	~~5~~	6	7	8	~~1~~	25 (4)
~~4~~	3	8	1	1	9	22 (5)
8	4	8	3	~~4~~	3	26 (5)
7	4	~~5~~	~~6~~	7	~~6~~	18 (3)
9	1	4	~~1~~	1	3	18 (5)
8	1	9	5	2	~~3~~	25 (5)
36	13	35	16	19	15	
(5)	(5)	(5)	(4)	(5)	(3)	

7.

5	9	7	~~4~~	~~6~~	1	22 (4)
1	1	~~3~~	1	9	~~4~~	12 (4)
7	5	~~1~~	9	~~3~~	2	23 (4)
2	~~7~~	7	8	2	8	27 (5)
~~1~~	3	3	6	6	7	25 (5)
4	3	2	1	4	~~3~~	14 (5)
19	21	19	25	21	18	
(5)	(5)	(4)	(5)	(4)	(4)	

8.

3	7	1	~~6~~	8	7	26 (5)
8	~~9~~	~~6~~	6	3	5	22 (4)
~~9~~	3	9	9	4	~~7~~	25 (4)
8	3	5	4	~~9~~	~~6~~	20 (4)
9	3	4	8	~~5~~	1	25 (5)
4	8	5	2	~~3~~	7	26 (5)
32	24	24	29	15	20	
(5)	(5)	(5)	(5)	(3)	(4)	

9.

~~8~~	~~3~~	3	5	2	7	17 (4)
9	2	~~3~~	3	7	5	26 (5)
7	9	2	5	~~2~~	7	30 (5)
8	~~6~~	7	7	7	5	34 (5)
1	1	3	7	~~9~~	~~3~~	12 (4)
~~4~~	2	3	~~8~~	2	5	12 (4)
25	14	18	27	18	29	
(4)	(4)	(5)	(5)	(4)	(5)	

10.

1	~~6~~	8	3	3	7	22 (5)
~~5~~	9	~~7~~	8	4	2	23 (4)
5	~~2~~	8	9	8	6	36 (5)
5	8	3	1	1	~~4~~	18 (5)
8	~~3~~	5	1	~~4~~	1	15 (4)
3	9	9	~~9~~	9	~~2~~	30 (4)
22	26	33	22	25	16	
(5)	(3)	(5)	(5)	(5)	(4)	

>> RECHEN-HÜPFER

1	1. 18*22 = 396 2. 13-25 = -12 3. 22-16 = 6	6	1. 27+44 = 71 2. 2+5*27 = 137 3. 10+50 = 60
2	1. 38/1+2 = 40 2. 10-36 = -26 3. 11*11 = 121	7	1. 25-44*9 = -371 2. 16/4-31 = -27 3. 19-8-46 = -35
3	1. 19+21 = 40 2. 17*2-18 = 16 3. 41+12 = 53	8	1. 35-36/3 = 23 2. 18+25*8 = 218 3. 16*5/40 = 2
4	1. 33-21 = 12 2. 17+4*43 = 189 3. 12-27 = -15	9	1. 7+46-17 = 36 2. 16*14/7 = 32 3. 30+3-20 = 13
5	1. 8*44-38 = 314 2. 44+17 = 61 3. 31-46 = -15	10	1. 17-26+1 = -8 2. 40+2-15 = 27 3. 3*38-22 = 92

>> ZIEL-RECHNEN

1	7 * 7 - (6 + 3) = 40
2	7 * (9 - 3) - 1 = 41
3	2 * (8 + 8) - 5 = 27
4	5 + 5 * 99 = 500
5	(4 + 6 * 4) / 4 = 7
6	81 - (8 + 3) = 70

7	6 * (10 + 9 / 9) = 66
8	5 * (7 + 5) - 2 = 58
9	7 * 4 + 6 / 2 = 31
10	210 + 106 = 316
11	7 + 9 * 107 = 970
12	7 * (9 + 3 / 7) = 66

>> BUCHSTABEN-HÜPFER

1	1. SERIEN 2. KUMMER 3. DRAGEES
2	1. DICHTER 2. PINNE 3. MINUTEN
3	1. KUTSCHE 2. NOCKE 3. VESPER
4	1. KANZLEI 2. PROFIS 3. DAME
5	1. VIKARE 2. WANDEL 3. BIOTOP
6	1. AGIEREN 2. ABARTEN 3. REDNER

7	1. MACKE 2. ABRISS 3. TORTUR
8	1. BETRUG 2. MURGANG 3. BASTELEI
9	1. BONBONS 2. JOLLEN 3. PRONOMEN
10	1. MONOLOG 2. KLAMOTTE 3. KOSAKIN
11	1. HARTGELD 2. SPHINXE 3. KORALLEN
12	1. GENOMIK 2. ZENTRUM 3. FREUNDE

>> ÜBERFLÜSSIGE BUCHSTABEN

1	VO_R_F_AL_L
2	_J_AM_M_ER
3	_D_OR_N_E
4	I_RO_NI_E
5	Z_A_HLU_NG
6	VO_L_UM_EN

7	G_EST_E_L_L
8	_G_EGE_N_D
9	B_AR_IT_ON
10	_WUC_H_E_R
11	M_I_S_E_RE
12	FAN_P_O_S_T

>> SCHLANGEN-WORT

1.

2.

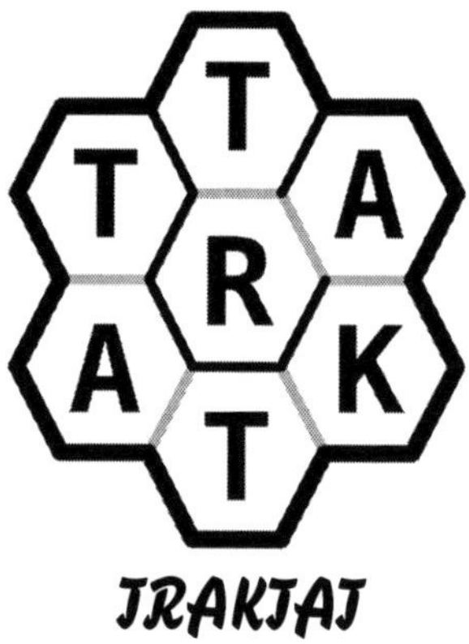

3.

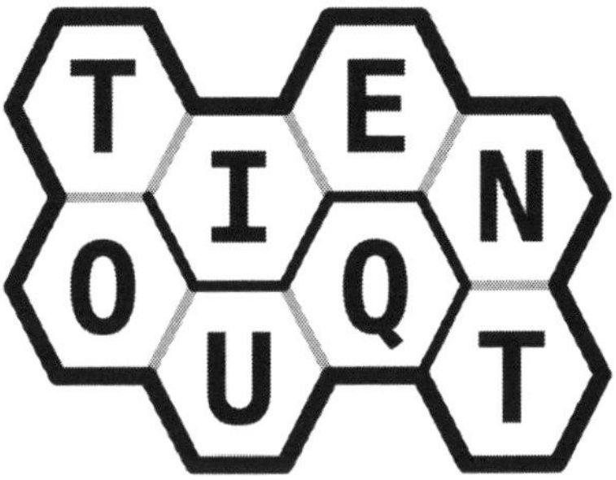

QUOTIENT

4.

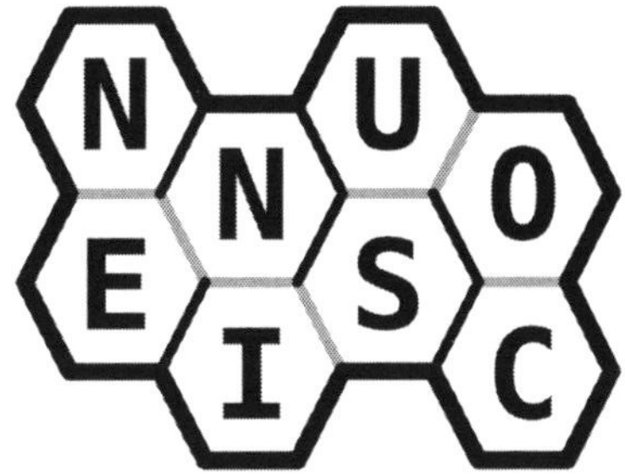

COUSINEN

5.

MANSARDE

6.

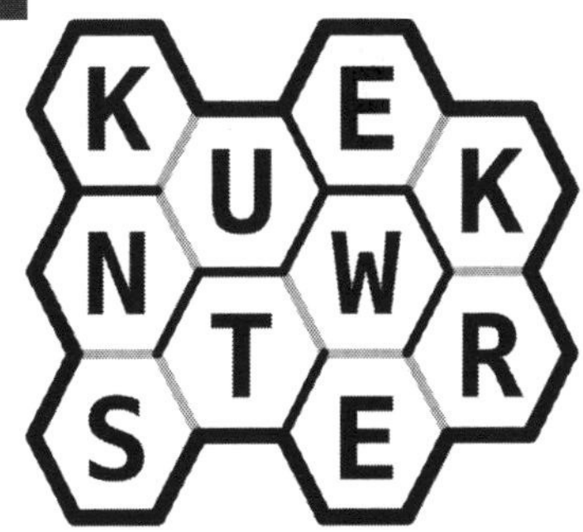

KUNSTWERKE

7.

ZEUGENBANK

8.

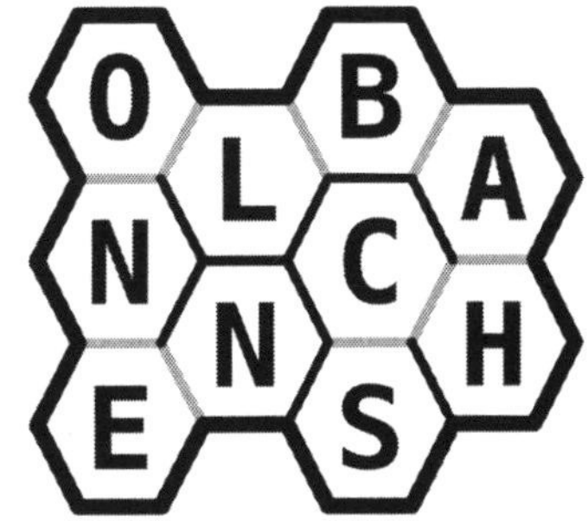

SCHABLONEN

9.

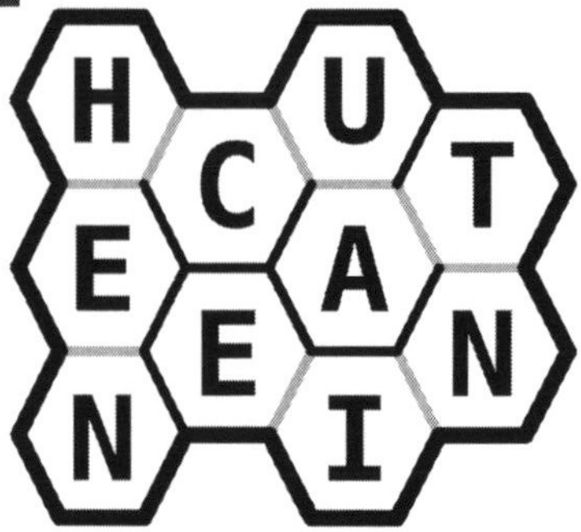

EINTAUCHEN

10.

SITZREIHEN

11.

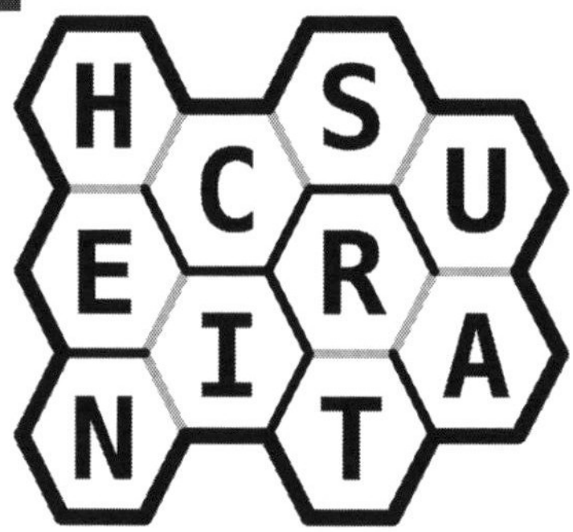

TRAUSCHEIN

11.

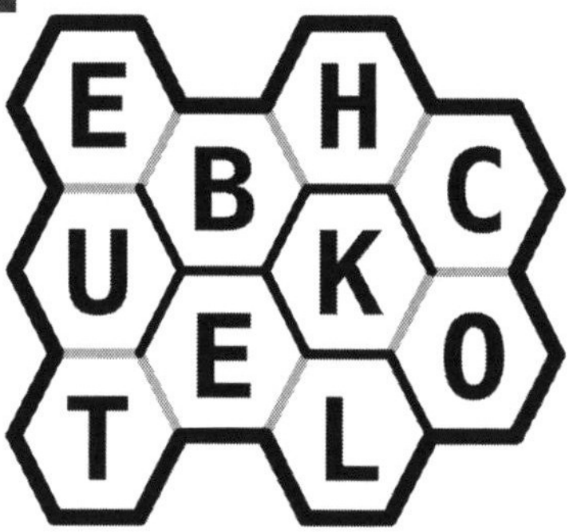

KOCHBEUTEL

>> FEHLENDE OPERATOREN

1	10+18*(10-15) = -80
2	(5+12-1)*12 = 192
3	(8*20)+16+3 = 179
4	16+((2*3)-10) = 12
5	14-6*(18+13) = -172
6	2+24-6*23 = -112
7	13-21/7*10 = -17
8	20/4-18+16 = 3
9	12*9-(21+6) = 81
10	9-(3*16+9) = -48

11	7-18+12*2 = 13
12	8*(20+1-9) = 96
13	(17*(5+7))-7 = 197
14	22+4+17*16 = 298
15	4*21-3/3 = 83
16	(20+20)/(20-15) = 8
17	9+19*21+8 = 416
18	24*20-17*21 = 123
19	15*23+20+11 = 376
20	24*2/16+1+23 = 27

>> SCHLANGEN-RECHNEN

1. Ergebnis: 3/1+10-6-5 = 2

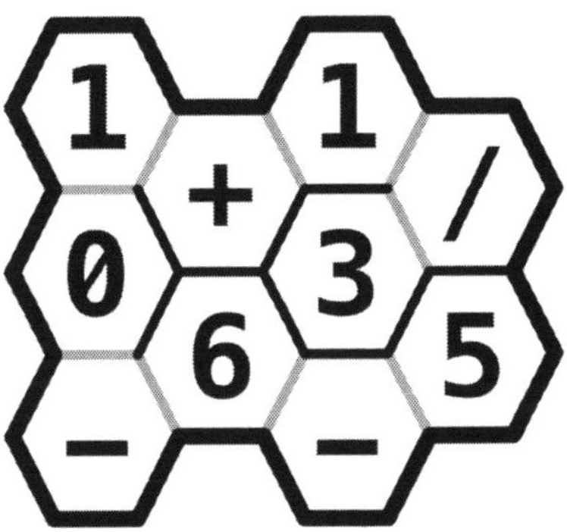

2. Ergebnis: 9-14+13-20 = -12

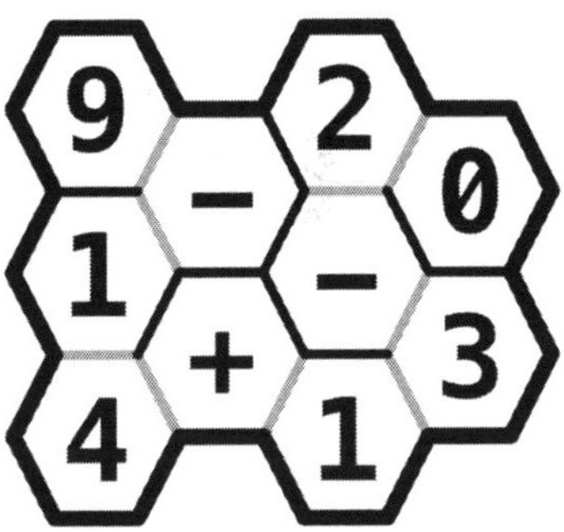

3. Ergebnis: 19+17+13+6 = 55

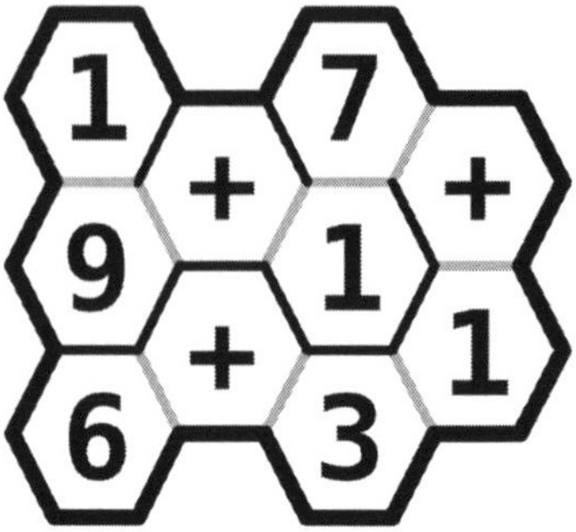

4. Ergebnis: 4+9-14+1+5 = 5

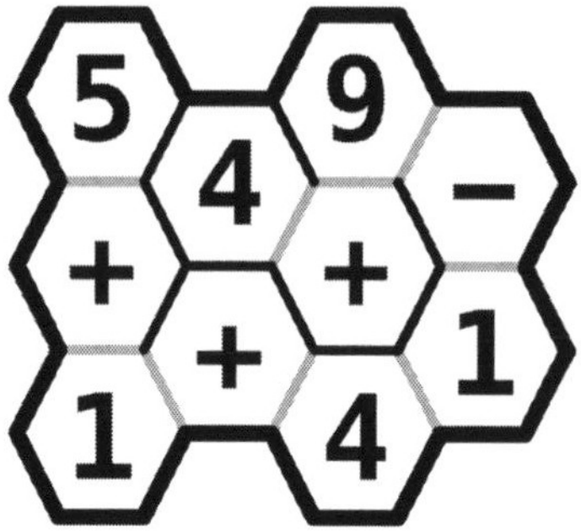

5. Ergebnis: 17-7+20+15 = 45

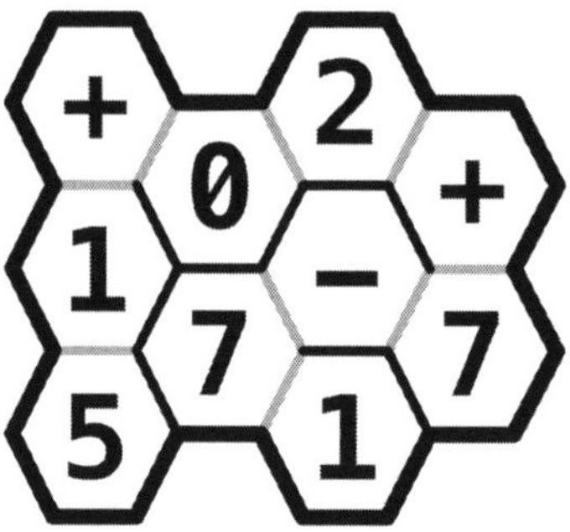

6. Ergebnis: 2*12+10-11 = 23

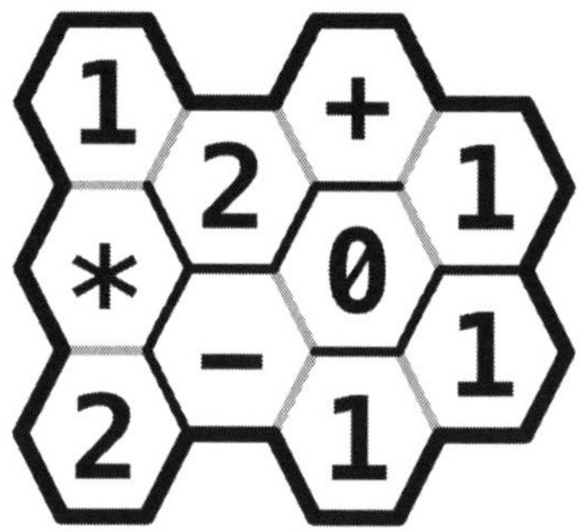

7. Ergebnis: 5*14-15-11 = 44

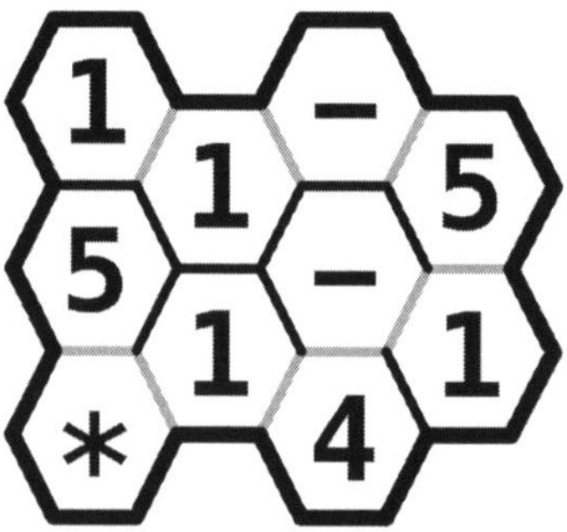

8. Ergebnis: 9+16-20+20 = 25

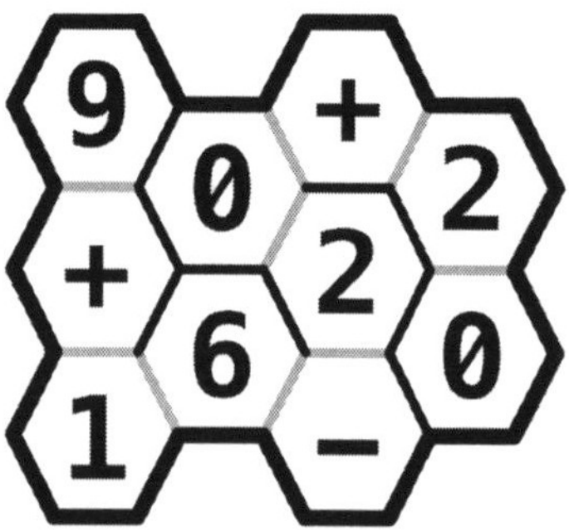

9. Ergebnis: 5+5*9-8*17 = -86

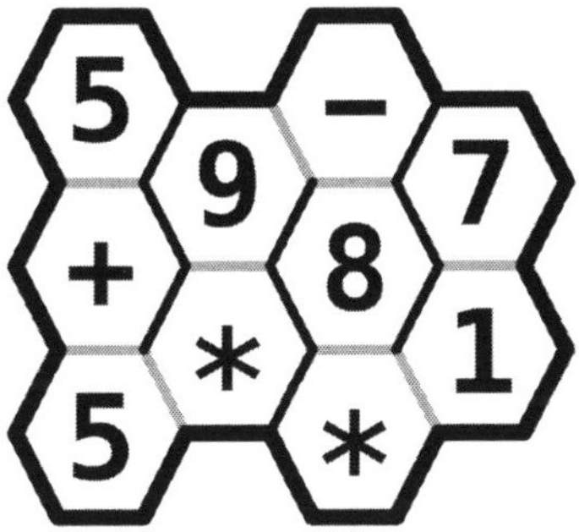

10. Ergebnis: 12/2*5/5*7 = 42

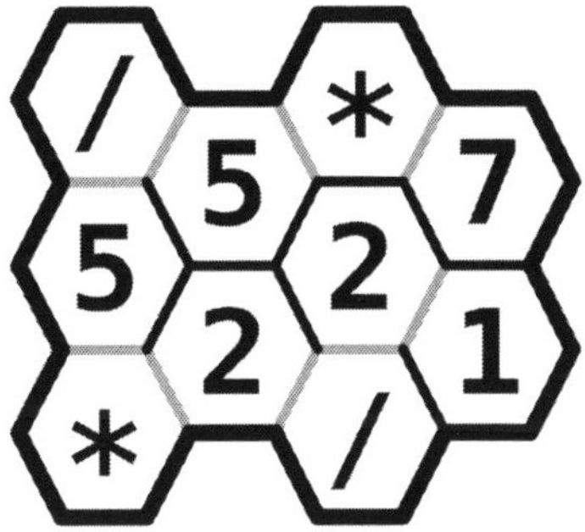

>> BUCHSTABEN-VERWANDLUNG

1	SI ▹ IS ▹ LIS ▹ SIL ▹ SILO
2	KLU ▹ KLUH ▹ HLUK ▹ KULH ▹ KULT
3	IN ▹ EIN ▹ MEIN ▹ DEIN ▹ NEID
4	M ▹ Z ▹ E ▹ DE ▹ CODE
5	A ▹ NA ▹ AN ▹ ANG ▹ FANG
6	NO ▹ SO ▹ LDSO ▹ LOSD ▹ SOLD
7	LG ▹ GL ▹ GLU ▹ GLUF ▹ FLUG

8	RC ▹ RP ▹ TP ▹ EUTP ▹ PUTE
9	ET ▹ TE ▹ IRTE ▹ HIRTE
10	MMII ▹ IMIM ▹ MIMI ▹ MIMIK
11	MA ▹ OMA ▹ ROMA ▹ UROMA
12	D ▹ N ▹ L ▹ EL ▹ ELAN
13	Q ▹ M ▹ ROM ▹ MOR ▹ MORD
14	EQ ▹ ET ▹ TE ▹ ESTE ▹ GESTE